CLÁSSICOS
BOITEMPO

THÉOPHILE GAUTIER
(1811-1872)

BAUDELAIRE

CLÁSSICOS BOITEMPO

A ESTRADA
Jack London
Tradução, prefácio e notas de Luiz Bernardo Pericás

AURORA
Arthur Schnitzler
Tradução, apresentação e notas de Marcelo Backes

BAUDELAIRE
Théophile Gautier
Tradução de Mário Laranjeira
Apresentação e notas de Gloria Carneiro do Amaral

DAS MEMÓRIAS DO SENHOR DE SCHNABELEWOPSKI
Heinrich Heine
Tradução, apresentação e notas de Marcelo Backes

EU VI UM NOVO MUNDO NASCER
John Reed
Tradução e apresentação de Luiz Bernardo Pericás

MÉXICO INSURGENTE
John Reed
Tradução de Luiz Bernardo Pericás e Mary Amazonas Leite de Barros

NAPOLEÃO
Stendhal
Tradução de Eduardo Brandão e Kátia Rossini
Apresentação de Renato Janine Ribeiro

OS DEUSES TÊM SEDE
Anatole France
Tradução de Daniela Jinkings e Cristina Murachco
Prefácio de Marcelo Coelho

O TACÃO DE FERRO
Jack London
Tradução de Afonso Teixeira Filho
Prefácio de Anatole France
Posfácio de Leon Trotski

TEMPOS DIFÍCEIS
Charles Dickens
Tradução de José Baltazar Pereira Júnior
Ilustrações de Harry French

A VÉSPERA
Ivan Turguêniev
Tradução de Paula Vaz de Almeida e Ekaterina Vólkova Américo
Orelha de Irineu Franco Perpétuo

THÉOPHILE GAUTIER

BAUDELAIRE

TRADUÇÃO
MÁRIO LARANJEIRA

APRESENTAÇÃO
GLORIA AMARAL

© desta edição Boitempo, 2001, 2019

Direção editorial Ivana Jinkings
Coordenação de produção Livia Campos
Tradução Mário Laranjeira
Apresentação e cronologia Gloria Carneiro do Amaral
Revisão Daniela Jinkings, Joana Canêdo
e Maria Gutierrez
Capa Rafael Nobre
(sobre *Retrato de Baudelaire*, tela de Émile Deroy, 1843 ou 1844. Museu Nacional de Versalhes)
Diagramação Antonio Kehl

CIP-BRASIL. CATALOGAÇÃO NA PUBLICAÇÃO
SINDICATO NACIONAL DOS EDITORES DE LIVROS, RJ

G241b

Gautier, Théophile, 1811-1872
 Baudelaire / Théophile Gautier ; tradução Mário Laranjeira ; apresentação Gloria Amaral. - 1. ed. revista - São Paulo : Boitempo, 2019.
 144 p. ; 21 cm. (Clássicos Boitempo)

 Tradução de: Charles Baudelaire
 ISBN 978-85-7559-698-2
 1. Baudelaire, Charles, 1821-1867 - Crítica e interpretação. 2. Literatura - História e crítica - Teoria, etc. I. Laranjeira, Mário. II. Amaral, Gloria. III. Título. IV. Série.

19-56301   CDD: 801.95
CDU: 82.09(44)

Vanessa Mafra Xavier Salgado - Bibliotecária - CRB-7/6644

É vedada a reprodução de qualquer parte
deste livro sem a expressa autorização da editora.

1ª edição: maio de 2001
1ª edição revista: abril de 2019

BOITEMPO
Jinkings Editores Associados Ltda.
Rua Pereira Leite, 373
05442-000 São Paulo SP
Tel.: (11) 3875-7250 / 3875-7285
editor@boitempoeditorial.com.br | www.boitempoeditorial.com.br
www.blogdaboitempo.com.br | www.facebook.com/boitempo
www.twitter.com/editoraboitempo | www.youtube.com/tvboitempo

SUMÁRIO

Nota do editor 9

Amizade e poesia
   por *Gloria Carneiro do Amaral* 11

Charles Baudelaire 31
Fotos 89
Apêndice 97
   Artigo de Édouard Thierry 99
   Artigo de F. Dulamon 101
   Artigo de Jules Barbey d'Aurevilly 104
   Artigo de Charles Asselineau 113
   Carta de Sainte-Beuve 126
   Carta do Marquês de Custine 128
   Carta de Émile Deschamps 129
   Poema de Émile Deschamps 130
   Carta de Victor Hugo 133

Cronologia resumida de Charles Baudelaire 135

Notas biográficas 137

NOTA DO EDITOR

O texto de Théophile Gautier que ora apresentamos é o prefácio à primeira edição das *Obras completas* de Baudelaire, da editora Calmann-Lévy, 1868. O interesse desta publicação não é principalmente o de trazer uma contribuição inédita à fortuna crítica do poeta das *Flores do Mal*, mas o de resgatar um momento importante da história literária francesa. Neste sentido, pareceu-nos oportuno manter nesta edição, além do texto de Gautier, os artigos e cartas que aparecem como apêndice na edição Calmann-Lévy. Os quatro primeiros já haviam sido reunidos pelo próprio Baudelaire para integrar a 3a. edição das *Flores do Mal*. Embora escritos por iniciativa espontânea dos respectivos autores, o poeta certamente buscava neles o aval de nomes respeitáveis para seu livro. Seguem-se cartas de Sainte-Beuve, do marquês de Custine e de Émile Deschamps que fazem referência ao processo sofrido por Baudelaire após a publicação das *Flores do Mal*, formando um pequeno conjunto da recepção dos contemporâneos a essa obra. Acrescentamos também a carta que Victor Hugo escreveu em 6/10/1859, por solicitação de Baudelaire, para servir de prefácio ao seu texto sobre Théophile Gautier e que foi publicada, juntamente com esse texto, na revista *L'Artiste*, pouco depois dessa data. Nela encontra-se a célebre expressão do *frisson nouveau* causado pela poesia de Baudelaire. Para a tradução da carta de Victor Hugo seguimos o texto da edição Pléiade das obras de Baudelaire e com ela fechamos este volume.

AMIZADE E POESIA

Gloria Carneiro do Amaral

> *Quanto aos utilitários, utopistas, economistas, saint-simonianos e outros que lhe perguntassem com que isto rima, o autor dirá: O primeiro verso rima com o segundo, quando a rima não é ruim. E assim sucessivamente.*
> *– Para que serve isso?*
> *– Serve para ser belo.*[1]

    Como outros de sua geração, Théophile Gautier iniciou-se na literatura pelo romantismo. Suas primeiras obras estão cheias de monumentos góticos que resplandecem ao luar e de visões macabras. Admirou Victor Hugo, participou ativamente da batalha de *Hernani*, usando, na histórica noite de 25 de fevereiro de 1830, um colete de cetim vermelho cereja que ficou célebre.
    Os anos dar-lhe-iam novo rumo e, mais tarde, ele próprio veria com humor esse momento em que chegou a formar um pequeno cenáculo com Gérard de Nerval e Petrus Borel: "Na escola romântica era moda ser pálido, lívido, esverdeado, um pouco cadavérico, se possível."
    Seu nome entrou para a história da literatura ligado sobretudo ao parnasianismo e ao cultivo da Arte pela Arte. E seu perfil é mais amplo e interessante do que querem os manuais e sua obra diversificada o bastante para atrair leitores variados:

---

[1] In: *Albertus*, segundo livro de poesias de Théophile Gautier (1932).

poesia, prosa, romance, vasta produção jornalística, narrativas de viagem. Um escritor no sentido lato.

Le capitaine Fracasse, talvez seu melhor texto em prosa, nos leva longe do poeta parnasiano. Narra as aventuras de um fidalgo que abandona seu castelo decadente para partir em busca de aventuras com uma troupe de teatro ambulante. O romance torna-se conhecido pelo seu lado de capa e espada, mas é também uma reconstituição do reino de Luís XIII e revela um certo gosto pelo pastiche. Movimentado e cheio de peripécias, teve várias versões cinematográficas, entre as quais uma relativamente recente, intitulada *O capitão Tornado*.

O "bom Théo" era igualmente leitor voraz e dono de memória prodigiosa, segundo anedotas contemporâneas. Maxime du Camp conta que, no dia em que foram publicados os dois primeiros volumes da *Légende des siècles*, jantou com Gautier que teria recitado de cor o longo poema "Les Lions", lido na hora do almoço.

Torna-se, a partir de 1840, um grande viajante – condição que não partilha com o amigo Baudelaire – indo para Espanha, Bélgica, Holanda, Itália, Grécia, Turquia, Egito e Rússia. Muitas das viagens foram financiadas por jornais – como, por exemplo, quando foi ao Egito para cobrir a inauguração do canal de Suez – e os relatos, escritos durante a viagem, são espontâneos e vivos. Seu olhar está aberto para o que lhe parece diferente da civilização francesa. Interessa-se pelas paisagens, pelos costumes e também pelas artes, recheando seus textos de minuciosas descrições de museus e monumentos.

A dedicatória das *Flores do Mal* não deixa dúvidas quanto à admiração e à amizade de Baudelaire por Théophile Gautier, "poeta impecável", "mago das letras francesas", "mestre e amigo". Achando insuficiente essa expressão de seus sentimentos, o poeta acrescentou ainda algumas palavras, de próprio punho, no volume que enviou ao amigo: "Meu muito caro Théophile, a dedicatória impressa na primeira página é apenas uma pálida sombra da amizade e da admiração verdadeira que sempre senti por ti. Sabes bem disso."

E como se tornaram amigos estes dois poetas?

Claude Pichois e Jean Ziegler, autores de uma biografia

minuciosa de Baudelaire[2] e organizadores dos volumes de correspondência da Pléiade, remontam longe o primeiro contato entre eles. Em carta de 17/7/1838 ao general Aupick, um Baudelaire adolescente conta uma visita realizada com o liceu Louis-Le-Grand ao museu de Versailles. O futuro crítico de arte já manifesta um gosto preciso, embora inseguro, e não apreciou a coleção de pintura. Entre os poucos quadros que chamaram sua atenção está a *Batalha de Taillebourg*, de Delacroix. Ele próprio se pergunta se sua escolha não teria sido "fruto da leitura da *Presse* que eleva Delacroix às nuvens". Ora, Gautier tinha escrito, nesse jornal, um artigo sobre o Salon de 1838, em que elogia, retrospectivamente, vários quadros do pintor. Estaria assim ligado ao despertar de uma das grandes paixões de Baudelaire, a pintura de Delacroix, que é objeto de importantes reflexões estéticas.

Quando se viram pela primeira vez, no hotel Pimodan, o próprio Gautier se encarrega de nos contar no texto que se segue, publicado no *Univers illustré* e que é transformado em prefácio do primeiro volume das *Obras completas* de Baudelaire[3]. É um texto escrito no calor da hora, em 1868, onze anos depois da primeira edição das *Flores do Mal* e no ano seguinte à morte do poeta. Isto deve ser levado sempre em conta na sua leitura. Foi lido pela geração seguinte de poetas como Rimbaud, Mallarmé[4] e Lautréamont, direcionando, numa certa medida, o contato que tiveram com esta obra fundamental que são *As Flores do Mal*.

Não é o primeiro texto de Gautier sobre Baudelaire. Tinha já escrito um artigo para a *Antologia dos poetas franceses*, organizada por Eugène Crépet[5], retomado para o necrológio do *Moniteur universel* (9/9/1867); há também uma passagem dedicada ao

---

[2] PICHOIS, Claude e ZIEGLER, Jean. *Baudelaire*. Paris, Julliard, 1987.

[3] Editadas por Michel Lévy entre 1868 e 1870, em sete volumes dos quais três são traduções de Poe.

[4] Já antes deste artigo, Mallarmé elegia suas admirações literárias e ligava o nome dos dois poetas: "Symphonie littéraire", texto de 1865, divide-se em três partes, a primeira sobre Gautier, a segunda sobre Baudelaire e a última sobre Banville, revelando as admirações do jovem poeta que começava apenas a escrever.

[5] Eugène Crépet (1827-1892), amigo de Baudelaire. Seu filho Jacques Crépet também especializa-se na obra do poeta e é responsável por uma biografia de 1907.

poeta no *Rapports sur les progrès de la poésie* (Imprimerie Impériale, 1868), texto encomendado para tratar da renovação das artes no Segundo Império.

Para nós, este prefácio se reveste, em primeiro lugar, do sabor do depoimento de um contemporâneo que, consciente desse papel, nos traz espaços, hábitos, trajes, perfumes, gestos, em suma, uma convivência íntima, da qual só assim poderíamos desfrutar.

A descrição do hotel Pimodan[6], de propriedade, na ocasião, do bibliófilo Jerôme Pichon que ocupava algumas peças e alugava outras e no qual moraram os dois amigos, apresenta um tom descompromissado de lembranças, aliado a informações precisas sobre os frequentadores, como a descrição do anfitrião Fernand Boissard, de conversa sedutora e talentos desperdiçados pelos interesses múltiplos. E se Gautier fascinava-se com os fantasmas das "belas damas de antanho" esgueirando-se pelas escadas, imagine-se nós, com ainda mais um século e meio de fantasmas pelos corredores! Alguns trazidos pela sua própria mão, como a bela modelo Joséphine Bloch, que ocupava um quartinho no Pimodan e, ao se tornar amante de Boissard, mudou-se para o andar nobre do prédio e que escutava as conversas brincando com seus anéis de um dedo para outro; ou como Madame Sabatier, cujo nome discretamente não é mencionado, muito moderna, exibindo seus cabelos arruivados ainda úmidos da aula de natação. O que certamente não poderia escapar ao autor de *Capitaine Fracasse*, que praticava, ele próprio, natação, boxe, esgrima e equitação.

O Baudelaire das fotografias de Nadar, precocemente envelhecido pela doença, apaga-se e ressurge, neste primeiro encontro, o dândi elegante, cujas roupas insólitas não passavam nunca despercebidas. Asselineau, outro amigo do poeta, assim descreve um paletó que ele usava, por volta de 1840, quando frequentava a revista *Corsaire-Satan:*

> Um fantástico paletó preto, cujo corte imposto ao alfaiate contradizia insolentemente a moda, longo e abotoado, evasé como um

---

[6] Atualmente Hôtel Lauzun, na Île Saint-Louis.

cone e terminando por duas pontas estreitas e pontudas, em boca de apito, como teria dito Petrus Borel.

A Gautier não escapa inclusive uma sensualidade felina nas maneiras do poeta, amante dos gatos, descrito, em certo momento, ele próprio, como "um gato voluptuoso, carinhoso, de maneiras aveludadas e ar misterioso".

Conta que viu o dândi elegante pela primeira vez na casa de Fernand Boissard e que, pouco tempo depois, ele teria vindo ao seu apartamento para trazer um livro de versos "da parte de dois amigos ausentes". Esta visita é registrada também por Baudelaire num texto de 1859 e sua razão está explicada exatamente nas mesmas palavras pelos dois. Gautier ficou tão impressionado com a figura do dândi que não pôde deixar de descrevê-la em detalhes; a Baudelaire pareceu pouco significativo o primeiro encontro pois ou o esqueceu ou não viu interesse em contá-lo. O fato é que a minúcia com que Gautier descreve o poeta das *Flores do Mal* por ocasião da reunião na casa de Boissard, Baudelaire transfere para o encontro em que entregou o livro de poemas. Mas o que nos interessa é a natureza das observações.

Pouco fala sobre o aspecto físico de Théophile: "um sorriso bonito" e "gracioso em seus trajes flutuantes". No fim, um retrato de pinceladas rápidas: "seus cabelos longos e sedosos, seu porte nobre e lento e seu olhar de devaneio felino". Na verdade, o que impressiona o jovem estreante é o acolhimento receptivo e, ao mesmo tempo, simples e despretencioso da parte de um poeta que o suplantava "mais pelo talento do que pela idade", apesar da diferença de dez anos entre os dois.

Mas a substância da conversa é reproduzida em detalhes e até em frases literais. A troca de ideias entra num clima bem à vontade depois que Baudelaire, respondendo a uma pergunta do seu interlocutor, declara seu gosto pela leitura de dicionários. E falam a seguir do vazio do século, da loucura do progresso, da incompatibilidade entre a beleza e uma finalidade útil. Separaram-se encantados um com o outro.

O que não significa que se deva levar à risca tudo o que Théophile nos reporta do amigo. "Um certo sabor exótico e como que um perfume longínquo das regiões amadas pelo sol" que, segundo ele, compõem a figura de Charles, são atribuidos a uma viagem às Indias. Parece que o próprio Baudelaire cultivava a lenda dessa viagem que, na verdade, não se completou. De fato, embarcou em Bordeaux com destino às Indias. A família esperava assim afastá-lo de companhias que julgava perniciosas e do ambiente nocivo de Paris. Mas o poeta foi só até a atual ilha da Reunião, de onde voltou para a França, em outro navio. Não lhe deve ter ficado lembrança agradável da travessia e para o pobre poeta o Cabo da Boa-Esperança voltou a ser o Cabo das Tormentas. Quando o navio entrou no oceano Índico, foi atingido por um violento ciclone que lhe arrancou os mastros. O relato da tormenta é feito pelo capitão Saliz ao presidente da corte marítima de Calcutá, quando, depois dos reparos feitos nas ilhas Maurício, o navio atingiu seu destino, sem o poeta, que fez meia volta e tomou outra embarcação, certamente julgando menos perigosas as más companhias da boêmia parisiense.

   O que interessa não é o ponto geográfico atingido, mas que esta rápida passagem por um clima tropical, de cores e aromas exóticos para um jovem europeu em 1841, transformou-se num alumbramento que ecoou por toda sua vida de poeta, conforme atesta a sensibilidade de Gautier e, mais ainda, os primeiros poemas do ciclo Jeanne Duval.

   Há sempre um lado divertido em se cruzar os depoimentos de época. Essa geração parece ter sido obcecada pelo exótico. Maxime Du Camp, em seu livro sobre Gautier, também o descreve como tendo "algo de exótico", de "tez mate", própria de "algum *abencerrage* perdido na nossa civilização" e detestando o clima frio da França.[7]

   O depoimento, em tom despretencioso e de leitura agradável, desliza, em pinceladas sutis do retrato físico e do anedótico para um estudo crítico da obra baudelairiana, em que o apreço e uma certa reverência a gosto de época se aliam à lucidez e a observações pertinentes.

   Embora contemporâneo do poeta das *Flores do Mal*, Gautier tem uma consciência muito clara da sua posição em relação aos mestres do passado: a admiração não deveria se traduzir em imitação. É a mesma perspectiva do brilhante ensaio de Paul

---

[7] DU CAMP, Maxime. *Théophile Gautier*. La Bartavelle éditeur, 1998.

Valéry sobre Baudelaire, "Situation de Baudelaire", em que procura explicar a poética baudelairiana a partir de sua situação histórica: "O problema de Baudelaire podia portanto – devia portanto – se colocar assim: ser um grande poeta, mas não ser nem Lamartine, nem Hugo, nem Musset".[8]

Os dois críticos explicam também de forma semelhante o segredo do talento de Baudelaire: Gautier acha que o poeta alia tenacidade e inspiração e Valéry vê nele a aliança rara de "uma inteligência crítica associada à virtude da poesia".

Considerando-se que o ensaio de Valéry é de 1924, podemos admirar a lucidez do contemporâneo de Baudelaire.

Gautier aponta dois eixos espaciais que constituem polos temáticos fundamentais da poesia baudelairiana: a cidade e a viagem; a bruma parisiense e os momentos de alumbramento, iluminados pelo sol dos trópicos, pela vegetação exuberante e olorizados pelos perfumes exóticos conhecidos durante a viagem pelo oceano Índico, que fascina e faz sonhar o poeta Gautier e deixa nostálgico seu lado de viajante, que não alcançou plagas tão distantes.

Na sua apresentação, Gautier faz questão de selecionar os poemas das *Flores do Mal* que acha mais notáveis. Detém-se em quatro dos 149: "Don Juan aux enfers", "La vie antérieure", "Les Petites vieilles" e "Rêve parisien". A seleção, é claro, merece atenção; e já a partir das omissões.

Quando da publicação das *Flores do Mal*, os poemas satânicos ou aqueles pelos quais passava um tom macabro, agradando ou não, foram os que mais chamaram a atenção do público. Houve quem considerasse a obra uma "literatura de carniça e de abatedouro"(*une littérature de charnier et d'abattoir*). O reticente Sainte-Beuve fala em "Folie Baudelaire". E Mario Praz conclui que "o Baudelaire da sua época foi o Baudelaire satânico"[9]. Embora ache a matéria da poesia de Baudelaire "mais abstrusa

---

[8] VALÉRY, Paul. *Œuvres I*. Paris, Gallimard, 1957. (Bibliothèque de la Pléiade)

[9] "Il Baudelaire dell'età che fu sua fu il Baudelaire satanico". In: PRAZ, Mario. *La carne, la morte e il diavolo nella letteratura romantica*. Firenze, Sansoni Editore, 1976. p. 115-6.

e menos corrente" do que a da sua prosa, nenhum poema destes é mencionado pelo autor de *Le pied de la momie*, a quem o romantismo *noir* não mais impressiona. O antológico "Une charogne", por exemplo, não é citado nem uma vez neste longo e atento prefácio.

Gautier deixou igualmente de lado os poemas do início do ciclo Jeanne Duval e seu sabor tropical, apesar do charme exótico que vê em Baudelaire e que o fascinava especialmente. Quando Gautier alude – discretamente – ao gosto pela Vênus negra e pela Malabaraise, suas fantasias apresentam esta última seminua, com uma ânfora na cabeça, talvez uma pose bem a gosto parnasiano, mas diferente do poema homônimo das *Flores do Mal*, o que pode fazer pensar numa certa falta de atenção e num interesse menor.

"Don Juan aux enfers", um dos mais traduzidos no Brasil, atraiu sempre os leitores de todas as épocas. Talvez por causa da figura retratada. O próprio Baudelaire, em "Maximes consolantes sur l'amour", comenta as sucessivas interpretações do mito de Don Juan na literatura francesa: o de Molière é um "pilantra" (*coquin*), afeito ao amor e ao crime; o de Musset e de Gautier "um *flâneur* artístico" com sede de perfeição e finalmente um "velho dândi esgotado por todas as suas viagens". Ora, seguindo a principal instrução de leitura do próprio autor das *Flores do Mal* – seu livro tem começo, meio, fim e as peças não se sucedem aleatoriamente – não podemos nos esquecer do lugar ocupado pelo poema, entre "L'Homme et la mer", em que compara o homem pelos seus abismos insondáveis ao mar, e "Châtiment de l'orgueil", do homem que desafia Deus e é punido pelo seu orgulho. Pensando nesta sucessão e na figura do herói imerso em seus pensamentos, indiferente ao clamor infernal que o rodeia, sustenta-se com consistência a visão de alguns críticos do Don Juan baudelairiano como "a interpretação moral de um mito".

A paráfrase de Gautier valoriza a plasticidade trágica e tenebrosa do poema, provavelmente pensando no quadro de Delacroix *O naufrágio de Don Juan*, exposto no salão de 1841. Essa visão sublinha sobretudo uma perspectiva que lhe é natural como ele próprio assinala ao explicar sua preferência pela Vênus de Milo, em detrimento da parisiense contemporânea "e, num sentido particular, somos mais plástico do que literário".

O segundo poema escolhido é "La vie antérieure". Gautier é seduzido pelo espaço de paz e tranquilidade criado por Baudelaire e que ele compara ao *kief*, repouso no mundo islâmico. Cria um contraste atraente com a cidade monstruosa que se ergue nos "Tableaux parisiens". Alguns críticos ligam esta descrição de espaço paradisíaco a Nerval, a versos de Du Camp e ao próprio Gautier, o que parece mostrar que a ideia estava no ar e explica a escolha.

Nessa seleção de quatro poemas, destaca-se "Rêve parisien", uma das peças mais modernas do livro, que antecipa as cidades edificadas por Rimbaud, em *Illuminations*. Arquiteturas feéricas aparecem em poemas de Novalis e de De Quincey. O próprio narrador de *Mademoiselle de Maupin* em seus delírios entrevê "arquiteturas feéricas só encontradas em contos árabes. Amontoados de colunas, arcadas superpostas, pilares contorcidos em espiral [...], transparências e reflexos deslumbrantes, profusões de pedrarias estranhas [...], jatos de cristal, candelabros que faziam empalidecer as estrelas, um vapor esplêndido, cheio de ruído e de vertigem – um luxo bem assírio!"

Gautier impressionara-se tanto que já tinha escrito sobre o poema em 1862. Retoma o comentário, uma paráfrase admirativa que reproduz quase literalmente alguns versos[10] e encerra-se com uma observação sobre o estilo: "O estilo desta peça brilha como um mármore negro polido." Alude ainda à aspiração, ao "secreto desejo de uma novidade impossível", remetendo

---

[10] Observe-se algumas expressões do comentário, que conservo aqui em francês para facilitar a comparação:
"Une perspective faite avec du métal, du marbre et de l'eau et d'où le végétal est banni comme irrégulier. [...] Au milieu d'un silence d'éternité, montent, éclairés d'un feu personnel, des palais, des colonnades, des escaliers, des châteaux d'eau d'où tombent, comme des rideaux de cristal, des cascades pesantes. [...]. Le rayon cristallisé enchâsse le liquide."
E agora alguns versos do poema:
"J'avais banni de ces spectacles
Le végétal irrégulier" [...]
"L'énivrante monotonie
Du métal, du marbre et de l'eau." [...]
"Et des cataractes pesantes,
Comme des rideaux de cristal" [...]
"Le liquide enchâssait sa gloire
Dans le rayon cristallisé" [...]

19

implicitamente à exclamação final das *Flores do Mal*: "plonger au fond du gouffre [...] pour trouver du nouveau". Aspiração que se realiza aqui através da invenção de uma paisagem artificial, que pode nos fazer pensar no futurismo brilhante e metálico de *Blade Runner*, mas que para Gautier remete a ruínas de cidades passadas.

Quanto à paráfrase que faz do poema, trata-se de um recurso recorrente no seu texto crítico. Já se servira dele antes quando se refere aos perfumes do soneto das correspondências, quando fala de "Soleil", de "Don Juan". Revela o entusiasmo do poeta e até um certo pudor em falar da poesia alheia, acabando quase por reproduzi-la. E nos mostra também o estilo poético que aparece em outros momentos do ensaio, como ao descrever a paleta ou as mulheres da poesia baudelairiana. Por vezes, a metáfora poética atinge rigoroso nível crítico, de que é excelente exemplo a descrição do estilo de Baudelaire, em que, numa bela e eficiente imagem, o poeta e o crítico entrelaçam-se com felicidade:

> Da feitura dos versos, passemos à trama do estilo. Baudelaire mescla aí fios de seda e de ouro com fios de cânhamo rudes e fortes, como nesses tecidos do Oriente a uma só vez esplêndidos e grosseiros em que os mais delicados ornatos ladeiam com encantadores caprichos sobre um rude pelo de camelo ou uma trama áspera ao toque como a vela de uma barca. Os rebuscamentos mais elegantes, mais preciosos mesmo, chocam com brutalidades selvagens; e, do toucador de perfumes inebriantes, de colóquios voluptuosamente langorosos, cai-se no cabaré ignóbil onde os bêbados, misturando o vinho e o sangue, brigam a facadas por alguma Helena de esquina.

O último poema escolhido é "Les Petites vieilles". Encontramos também aqui ecos longínquos de um poema de *Comédie de la mort*, "Niobé", em que, através da figura mitológica, Gautier evoca a maternidade sofrida, cujo pranto se transforma num rio[11].

---

[11] Compare-se os dois versos, que cito aqui em francês:
"Les petites vielles":
"L'autre par son enfant Madone transpercée
Toutes auraient pu faire un fleuve avec leurs pleurs!"
"Niobé":
"Ô symbole muet de l'humaine misère,

O motivo das "Evas octogenárias" está de tal forma introjetado no seu espírito que sua paráfrase desprende-se do poema original, criando elementos inexistentes, mas tão harmônicos como a manta que modela os ombros das velhinhas ou o anel resgatado ao penhor que o leitor pergunta-se se integram ou não a referida peça das *Flores do Mal*.

Esse procedimento já se verificara ao descrever "Rêve parisien" em que imagina a rainha de Sabá levantando – como a figura de "À une passante" – a barra da saia para não molhar a roupa. Podemos sentir o poeta falando de poesia e imprimindo sua própria poética no discurso crítico.

Assim como "Les sept vieillards", "Les petites vieilles" é dedicado a Victor Hugo. Baudelaire confessa em carta que pretendeu imitá-lo e reproduzir um tom ao mesmo tempo de caridade e de familiaridade que sentiu na poesia do mestre. Este, por sua vez, agradece a homenagem em outra carta, em que se encontra o comentário mais reproduzido sobre as *Flores do Mal*, inclusive no prefácio de Gautier: "Vous dotez le ciel de l'art d'on ne sait quel rayon macabre. Vous créez un frisson nouveau". Para Hugo, a novidade é um "raio macabro"; para Gautier, que, com pertinência, chama a atenção para o fato de que este célebre comentário coloca em relevo apenas o lado sombrio da poesia baudelairiana, relegando à sombra a sua luminosidade, o elemento digno de nota é "o sentimento do artificial", uma criação que fosse produto exclusivo da arte.

Dos quatro poemas escolhidos por ele, dois se encontram em "Tableaux parisiens", talvez a seção predileta da nossa contemporaneidade.

E digamos que, pelo menos quanto ao último, encontra-se bem acompanhado em sua seleção. Para Proust, o segundo quarteto da parte III são versos "sublimes", parecendo-lhe "impossível ir além", a não ser... para o próprio Baudelaire, em outros versos[12]:

>Et qui, dans les soirs d'or où l'on se sent revivre,
>Versent quelque héroïsme au cœur des citadins.

>Niobé sans enfants, Mère des sept douleurs,
>Assise sur l'Athos ou bien sur le Calvaire,
>Quel fleuve d'Amérique est plus grand que tes pleurs?"

[12] "A propos de Baudelaire". In: *Chroniques*. Paris, Gallimard, 1927. 2a. ed. p. 217.

Walter Benjamin, provavelmente o crítico baudelairiano mais lido pela atualidade, avaliza igualmente o gosto de Gautier, pois são esses os dois versos que, segundo ele, "ressoam, em sua discreta síncope, no vazio social de que fala Marx".[13]

Aliás, é bom lembrar que Benjamin, mais de uma vez, estabelece elos de filiação e afinidades entre os dois poetas. Nenhum dos dois, por exemplo, lembra o crítico alemão, encontra prazer na sua própria época. Não admira que no primeiro encontro tenham trocado ideias sobre a "loucura do progresso", "essa grande heresia da decrepitude", segundo nos reporta o próprio Baudelaire em seu texto. Lembra também que a lésbica, heroína da modernidade na poesia baudelairiana, já aparecera em *Mademoiselle de Maupin*. E no 37º fragmento sobre Baudelaire, Benjamin procura explicar a filiação assumida de Baudelaire em relação a Gautier.

Como Baudelaire também escreveu sobre Théophile Gautier é possível uma leitura especular das ideias estéticas de ambos. O estudo que o poeta das *Flores do Mal* consagrou ao de *Emaux et camées* foi publicado em *L'Artiste* (13/3/1859). Teve outra edição, organizada por Poulet Malassis, na qual vem precedido pela referida carta de Victor Hugo. O complemento epistolar é pertinente, pois trata de uma questão fundamental para os três poetas: a função da Arte. Para Hugo, o poeta deve guiar a humanidade e a poesia visa o progresso; para os outros dois poetas – e encontramos aí a afinidade fundamental entre eles – a única finalidade da poesia deve ser o Belo.

O objetivo desse ensaio é, nos diz Baudelaire, a "história de uma ideia fixa", a ideia imortal, como nos esclarece em *Mon cœur mis à nu*. A "ideia fixa" de Gautier é o "amor exclusivo do Belo". Por isso, o "verdadeiro acontecimento", o marco, de sua obra, é, segundo Baudelaire, *Mademoiselle de Maupin*. A presença do Belo na obra é "excessiva" e o seu estilo "prodigioso"; trata-se de uma espécie de "hino à Beleza", expressão que, não por mera coincidência, é título de um dos poemas iniciais de *Flores do Mal*.

---

[13] BENJAMIN, Walter. *Charles Baudelaire. Un poète lyrique à l'apogée du capitalisme.* Paris, Payot, 1979. p. 106-7.

O romance – se assim podemos chamá-lo – é precedido por um conhecido prefácio, talvez mais lido que todo o resto. O tom irônico é demolidor, mas essa mordacidade torna-se a essência de seu charme, que ainda hoje seduz. Se foi substituído por uma reverente seriedade neste nosso texto, as ideias persistiram. Insurge-se contra os críticos moralizantes e os progressistas, contrapondo-lhes um livro que não tem utilidade civilizatória e não trabalha para o progresso. Sua revolta contra os homens "utilitários, progressistas e práticos" ressurge no longo trecho em que trata dos aspectos métricos da poesia de Baudelaire: esses detalhes podem parecer supérfluos para este tipo de leitor, mas são o que torna um verso bom ou ruim e fazem um poeta.

Em meio às invectivas, vemos despontar o pensamento estético que norteará toda a produção de Gautier:

> Só é realmente belo o que não serve para nada; tudo que é útil, é feio, pois é a expressão de uma necessidade e as do homem são ignóbeis e nojentas, como sua natureza pobre e enferma. O lugar mais útil de uma casa são as latrinas.[14]

Entendemos então por que Gautier, na mais longa citação do prefácio, opta por passar a palavra ao próprio Baudelaire para definir a poesia: "A poesia não tem outra finalidade a não ser ela mesma" e o poema deve ser escrito "unicamente pelo prazer de escrever um poema".

Trata-se de uma completa afinidade de perspectivas estéticas, o que se torna mais nítido se acompanharmos a trajetória do trecho citado. Encontra-se no "Théophile Gautier" de Baudelaire, sendo já retomado de "Notes nouvelles sur Edgar Poe" e reforçando a convicção de ambos na "ideia fixa" do culto ao Belo.

Face à temática do Mal, persistem as afinidades de pensamento. No seu projeto de prefácio às *Flores do Mal*, Baudelaire declara ter escolhido o Mal como objeto poético por lhe parecer tarefa mais difícil e, por isso mesmo, mais agradável. Para a

---

[14] Em francês: "Il n'y a de vraiment beau que ce qui ne peut servir à rien; tout ce qui est utile est laid, car c'est l'expression de quelque besoin, et ceux de l'homme sont ignobles et dégoûtants, comme sa pauvre et infirme nature. – L'endroit le plus utile d'une maison, ce sont les latrines" (In: GAUTIER, Théophile. *Mademoiselle de Maupin*. Paris, Garnier, 1955. p. 23).

epígrafe do seu texto sobre Gautier seleciona um trecho em que este confessa uma recôndita aspiração: em vez de soltar safiras e diamantes pela boca como a personagem de Perrault, gostaria muito de vomitar sapos e lagartos de vez em quando![15]

O ensaio de Théophile Gautier não se limita à poesia de Baudelaire, detendo-se também no crítico de arte e no tradutor de Poe.

Quando se refere a Constantin Guys, ressurge o aspecto de depoimento deste ensaio. Gautier conheceu o artista e tinha até aquarelas suas; inclusive presenteou Baudelaire com algumas delas. Apresenta-o mais como um observador perspicaz, um "humorista do lápis", hábil em captar o traço característico, a postura em movimento das pessoas ou o pitoresco de uma cena do que como um artista acabado. Segundo ele, nem o próprio Guys dava relevante importância a esses trabalhos, que foram reproduzidos no *Illustrated London News* e resistiram sobretudo por essa captação do contemporâneo. Observando-se as reproduções dos trabalhos de Guys – em geral difíceis de se encontrar – essas reflexões parecem pertinentes. Há uma edição de *Le peintre de la vie moderne*, com prefácio e organização de François Boucher, conservador do Museu Carnavalet[16], ilustrada por aquarelas e desenhos de Constantin Guys e fotografias de Nadar. Lado a lado, as fotos e os desenhos ressaltam este traço do artista. Em alguns casos, tem-se a impressão de que teria trabalhado seguindo o registro fotográfico. Daí o interesse de Baudelaire: seu talento de "pintor da vida moderna".

---

[15] "Des poètes illustres s'étaient partagé depuis longtemps les provinces les plus fleuries du domaine poétique. Il m'a paru plaisant, et d'autant plus agréable que la tâche était plus difficile, d'extraire la *beauté* du Mal" (In: *Œuvres Complètes*. Paris, Seuil, 1968. Coll. L'Intégrale. p. 127).

"Quoique nous n'ayons donné à boire à aucune vieille, nous sommes dans la position de la jeune fille de Perrault; nous ne pouvons ouvrir la bouche sans qu'il tombe aussitôt des pièces d'or, des diamants, des rubis et des perles; nous voudrions bien de temps en temps vomir un crapaud, une couleuvre et une souris rouge, ne fût-ce que pour varier; mais cela n'est pas en notre pouvoir" (idem, ibidem. p. 458).

[16] *Au temps de Baudelaire, Guys et Nadar*. Les Editions du Chêne, 1945.
O acervo do Museu Carnavalet conta com cerca de 500 trabalhos de Constantin Guys.

A formulação de Gautier sobre esse interesse é reveladora: "a ausência completa de antiguidade" e um sentimento que, na falta de uma palavra mais adequada, chama de "decadência" e explica como o gosto pela beleza da mulher moderna e produzida, que, a partir de Balzac, começa a se impor e a substituir o padrão da Vênus de Milo. Algumas páginas atrás, apontara já o gosto de Baudelaire pelo estilo designado como "decadência".

Decadência e realismo, duas tendências importantes da arte do fim do século, verso e reverso da sensibilidade da época, cujas relações com a obra de Baudelaire Gautier examina com perspicácia.

Apesar de julgar inadequada a designação, sua descrição do estilo decadente toca, com precisão, em aspectos fundamentais. Trata-se de levar ao extremo o uso da palavra, na busca de expressão das sensações e das ideias modernas, tão múltiplas e complexas que a linguagem e o vocabulário clássicos e racinianos se tornaram incapazes de expressar.[17]

Por outro lado, a crueza de certos quadros baudelairianos poderia levar "espíritos superficiais", no dizer de Théophile, a ligar, de forma inadequada, à escola realista a poesia baudelairiana em que se revela sobretudo uma aspiração sempre presente pelo Belo. O próprio Baudelaire insurge-se quando aliam seu nome a essa tendência, que classifica de "grosseira etiqueta".[18]

Esses comentários mostram que Gautier procurava inserir Baudelaire no seu momento poético, embora pareça-lhe que, na verdade, é como tradutor de Edgar Allan Poe que o poeta

---

[17] Quanto ao conceito de decadência e uso de termos afins, consultar a antologia de Fulvia Moretto (Perspectiva, 1989), em que figuram, aliás, trechos do prefácio de Gautier que se referem ao estilo decadente.

[18] Baudelaire utiliza-se dessa expressão em uma resposta ao marquês de Custine: "É provável que M. de Custine, que não me conhecia [...] tenha se informado junto a alguma alma caridosa que teria colado ao meu nome esta grosseira etiqueta". (Reproduzido em nota no apêndice desta edição.)
Observação que Machado de Assis conhecia e à qual se refere em "A nova geração", trocando a palavra "étiquette" por "epithète": "Ao próprio Baudelaire repugnava a classificação de realista – *cette grossière epithète*, escreveu ele em uma nota".

das *Flores do Mal* se tornou conhecido na França do fim do século XIX. Os comentários sobre a importância dessas traduções permitem observar uma faceta de Gautier que me parece particularmente interessante e talvez se deva às suas inúmeras viagens: uma consciência, mesmo que revelada de passagem neste texto, do ensimesmamento da cultura francesa. Segundo ele, Baudelaire "naturalizou" o escritor americano, tornando-o conhecido na França, que padece de "perfeita despreocupação com relação às originalidades estrangeiras". Atilada autocrítica cultural. Ainda uma vez, consegue chegar ao cerne da questão, ao atribuir a uma identificação de ideias e de estilo a excelência das traduções de Baudelaire; o próprio tradutor apresenta a mesma explicação em sua correspondência:

> Sabe por que traduzi tão pacientemente Poe? Porque se parecia comigo. A primeira vez em que abri um livro dele, vi, com terror e deslumbramento, não somente temas com que sonhei, mas frases em que pensei e que tinha escrito vinte anos antes.[19]

Gautier se detém longamente nos *Paradis artificiels* [Paraísos artificiais]; digo longamente porque consagra a essa obra quase o mesmo número de páginas que às *Flores do Mal*. Podemos perceber algumas razões para isso. A primeira é de ordem biográfica: o desejo de acabar com a versão de que Baudelaire seria viciado em drogas, o que teria causado sua morte; preocupação natural de um amigo no ano seguinte à morte do poeta. Além disso, sentia-se pessoalmente envolvido nas experiências do clube dos *haschichins*. Mas a questão principal é outra vez a relação da vontade e da inspiração na criação artística. A Balzac, por exemplo, que se recusou a provar o *dawamesk*, repugnava ver seu pensamento surgir de um estímulo que não fosse sua própria vontade. A balança entre esses dois impulsos é importante para este momento posterior ao romantismo que entende a arte como produto do trabalho. Flaubert não definia a inspiração como o ato de sentar-se, todo dia, à mesma hora para trabalhar?

---

[19] Carta a Théophile Thoré (20/6/1864) em defesa da originalidade de Manet, acusado de imitar os pintores espanhóis cujos quadros, garante Baudelaire, ele nunca tinha visto.

Finalmente, falta de espaço, fim de fôlego ou interesse menor, algumas páginas consagradas aos *Poemas em prosa*. Que não se pense, porém, em equívoco crítico: Gautier tem consciência das possibilidades de estilo abertas por esses textos curtos para traduzir e retratar a vida moderna, diante da qual a rigidez da linguagem poética herdada do classicismo estava se revelando insuficiente e ineficaz.

Essa referência, mesmo um pouco rápida, comprova também o traçado firme do ensaio e a intenção de Théophile Gautier de apresentar um panorama da obra baudelairiana, apesar da despretensão do tom inicial. O texto traz, portanto, para o leitor do século XXI, além do depoimento saboroso sobre a vida e as personagens contemporâneas de Baudelaire, uma visão da obra do poeta logo após a sua morte. O que certamente é útil para renovar o nosso enfoque da obra baudelairiana que passou por uma massacrante fortuna crítica, reapresentando perspectivas talvez antigas, mas não sem interesse. Assim, se a leitura deste ensaio abrir nossos olhos excessivamente contemporâneos, renovando o frescor das *Flores do Mal*, terá largamente cumprido sua missão.

BAUDELAIRE

CHARLES BAUDELAIRE

A primeira vez que encontramos Baudelaire foi em meados de 1849, no Hôtel Pimodan, onde ocupávamos, perto de Fernand Boissard, um apartamento fantástico que comunicava com o dele por uma escada secreta escondida na espessura da parede, e que devia ser assombrada pelos vultos das belas mulheres outrora amadas por Lauzun. Havia ali aquela magnífica Maryx que, ainda bem jovem, posou para a *Mignon* de Scheffer e, mais tarde, para a *Gloire distribuant des couronnes* [Glória distribuindo coroas], de Paul Delaroche, e aquela outra beldade, então em seu pleno esplendor, de que *Clesinger tirou a Femme au serpent* [Mulher com a serpente], esse mármore em que a dor se parece com o paroxismo do prazer e que palpita com uma intensidade de vida que jamais o cinzel havia atingido e que nunca irá ultrapassar.

Charles Baudelaire ainda era um talento inédito, preparando-se na sombra para a luz, com aquela vontade tenaz que, nele, se acrescentava à inspiração; mas o seu nome já começava a circular entre os poetas e artistas com certo frêmito de expectativa, e a jovem geração, que vinha depois da grande geração de 1830, parecia contar muito com ele. No cenáculo misterioso onde se esboçam as reputações do futuro, passava por ser o mais forte. Tínhamos ouvido falar dele com frequência, mas não conhecíamos nenhuma de suas obras. O aspecto dele nos impressionou: tinha o cabelo cortado bem curto e de uma belíssima cor preta; esse cabelo fazia pontas regulares sobre a testa de uma brancura resplandecente, cobrindo-lhe a cabeça como uma espécie de capacete sarraceno; os olhos, cor de tabaco da Espanha, tinham uma expressão espiritual, profunda, e de uma penetração um pouco insistente demais talvez; quanto à boca, guarnecida de dentes muito brancos, abrigava, debaixo de um bigode leve e sedoso sombreando-lhe o contorno, sinuosidades móveis, voluptuosas e irônicas como os lábios das figuras pintadas por Leonardo da Vinci; o nariz, fino e delicado, um pouco arredondado, com narinas palpitantes, parecia captar vagos perfumes longínquos; uma covinha vigorosa acentuava o queixo como o toque final do polegar do estatuário; as faces, cuidadosamente barbeadas, contrastavam, por seu fundo azulado que o pó de arroz aveludava, com os laivos avermelhados das maçãs; o pescoço, de uma elegância e brancura femininas, mostrava-se destacado, partindo de um colarinho de camisa rebatido e de uma estrita gravata xadrez em madrasto das Índias. A roupa consistia em um paletó de tecido preto lustrado e brilhante, calças avelã, meias brancas e escarpins verniz, sendo o conjunto meticulosamente limpo e correto, com um toque intencional de simplicidade inglesa e como a intenção de destacar-se do gênero artista, com chapéus de feltro mole, roupas de veludo, blusas vermelhas, barba prolixa e cabeleira desgrenhada. Nada de demasiado janota ou vistoso, nessa indumentária rigorosa. Charles Baudelaire pertencia àquele dandismo sóbrio que passa lixa no terno para tirar-lhe o brilho endomingado e trincando de novo tão caro ao filisteu[1] e tão desagradável para o verdadeiro *gentleman*. Até mesmo mais tarde raspou o bigode, achando que era um resto de antigo chique pitoresco, que era pueril e burguês conservar. Assim desembaraçada de toda penugem supérflua, sua cabeça lembrava a de Lawrence Sterne, semelhança aumentada pelo hábito que tinha Baudelaire, ao falar, de apoiar o dedo indicador na têmpora; essa é, como se sabe, a atitude do retrato do humorista inglês, colocado no início de suas obras. Tal é a impressão física que nos deixou, nesse primeiro encontro, o futuro autor das *Flores do Mal*.

Encontramos nos *Nouveaux camées parisiens* [Novos camafeus parisienses], de Théodore de Banville, um dos mais caros e constantes amigos do poeta, cuja perda deploramos, esse retrato por assim dizer, antecipado, de juventude. Permitam-nos transcrever

---

[1] Filisteu designa, particularmente na Alemanha (*philister*, aquele que não frequentou a universidade), o burguês de espírito vulgar e estreito. (N. do T.)

aqui estas linhas de prosa, iguais em perfeição aos mais belos versos; elas dão de Baudelaire uma fisionomia pouco conhecida e rapidamente esquecida que só existe aí:

> Um retrato pintado por Émile Deroy, e que é uma das raras obras-primas encontradas pela pintura moderna, mostra-nos Baudelaire aos vinte anos, no momento em que, rico, feliz, amado, já célebre, escrevia os seus primeiros versos, aclamado pela Paris que comanda todo o resto do mundo! Ó raro exemplo de um rosto realmente divino, reunindo todas as oportunidades, todas as forças e todas as seduções mais irresistíveis! A sobrancelha é pura, alongada, com um grande arco suavizado, e cobre a pálpebra oriental, quente, vivamente colorida; o olho, longo, negro, profundo, de uma chama sem igual, acariciante e imperiosa, abraça, interroga e reflete tudo que o circunda; o nariz, gracioso, irônico, cujos planos se definem bem e cuja ponta, um pouco arredondada e projetada para a frente, faz pensar imediatamente na célebre frase do poeta: "Minha alma adeja sobre os perfumes, como a alma dos outros homens adeja sobre a música!" A boca é arqueada e afinada já pelo espírito, mas naquele momento ainda purpúrea e de uma carne bonita que faz pensar no esplendor das frutas. O queixo é arredondado, mas com um relevo altaneiro, poderoso como o de Balzac. Todo esse rosto é de uma palidez cálida, morena, sob a qual aparecem os tons róseos de um sangue rico e belo; uma barba infantil, ideal, de jovem deus, enfeita-o; a fronte, alta, larga, magnificamente desenhada, ornamenta-se com cabelos negros, espessos e encantadores que, naturalmente ondulados e cacheados como os de Paganini, cai sobre um colo de Aquiles ou de Antínous!

Não se deve tomar totalmente ao pé da letra esse retrato, pois veio através da pintura e da poesia, e enfeitado por uma dupla idealização; mas nem por isso é menos sincero e foi exato em seu momento. Charles Baudelaire teve sua hora de beleza suprema e de desabrochar perfeito, e isso constatamos a partir desse fiel testemunho. É raro que um poeta, que um artista seja conhecido sob o seu primeiro e sedutor aspecto. A reputação só lhe vem mais tarde, quando já as fadigas do estudo, a luta pela vida e as torturas das paixões alteraram a sua fisionomia primitiva: só deixam dele uma máscara gasta, sem viço, onde cada dor colocou como estigma uma ferida ou uma ruga. É desta última imagem, que tem também sua beleza, que ficou a lembrança. Tal foi Alfred de Musset bem jovem. Dir-se-ia o próprio Febo-Apolo com sua cabeleira loira, e o medalhão de David no-lo mostra quase sob a figura de um deus. Com essa singularidade que parecia evitar toda afetação mesclava-se certo sabor exótico e como que um perfume longínquo de regiões mais amadas pelo sol. Dizem-nos que Baudelaire tinha viajado muito tempo pela Índia, e tudo ficou explicado.

Contrariamente aos costumes algo descompostos dos artistas, Baudelaire fazia questão de guardar as mais estritas conveniências, e sua cortesia era excessiva a ponto de parecer afetada. Media as frases, só empregava os termos mais selecionados, e dizia certas palavras de maneira particular, como se quisesse destacá-las e dar-lhes uma importância misteriosa. Tinha na voz itálicos e maiúsculas iniciais. A charge, muito em evidência no Pimodan, era por ele desdenhada como coisa de artista e grosseira; mas ele não deixava de se permitir o paradoxo e o exagero. Com um jeito muito simples, muito natural e perfeitamente desligado, como se tivesse dito um lugar comum, à moda de Prudhomme, sobre a beleza ou o rigor da temperatura, ele avançava algum axioma satanicamente monstruoso ou sustentava com um sangue-frio glacial alguma teoria de uma extravagância matemática, pois usava um método rigoroso na exposição de suas loucuras. Sua maneira de ser espirituoso não estava nem em palavras nem em traços, mas via as coisas de um ponto de vista particular que lhes mudava as linhas, como as dos objetos que se olham a cavaleiro ou de baixo para cima, e ele captava aspectos impossíveis de serem apreciados por outros e cuja bizarria lógica chocava. Seus gestos eram lentos, raros e sóbrios, próximos do corpo, pois tinha horror da gesticulação meridional. Tampouco gostava da volubilidade de palavra, e a frieza britânica lhe parecia de bom gosto. Pode-se dizer dele que era um dândi extraviado na boêmia, mas conservando mesmo ali a sua categoria e as suas maneiras, e aquele culto de si mesmo que caracteriza o homem imbuído dos princípios de Brummel.

Assim pareceu-nos ele nesse primeiro encontro cuja lembrança nos está tão presente como se houvesse acontecido ontem, e poderíamos, de memória, desenhar-lhe o quadro.

Estávamos naquele grande salão do mais puro estilo Luís XIV, cujos revestimentos de madeira realçados com ouro fosco, mas de um tom admirável, com sua cornija sustentada por mísulas, em que algum discípulo de Lesueur ou de Poussin, tendo já trabalhado na mansão Lambert, havia pintado ninfas perseguidas por sátiros através dos juncos, segundo o gosto mitológico da época. Sobre a vasta lareira de mármore de Sérancolin, marchetado de branco e vermelho, erguia-se, à guisa de relógio, um elefante dourado, ajaezado como o elefante de Porus na batalha de Lebrun, que carregava no dorso uma torre de guerra onde se inseria o mostrador esmaltado com algarismos azuis. As poltronas e os sofás eram antigos e cobertos de tapeçarias, com cores passadas, representando temas de caça, obra de Oudry ou Desportes. Era nesse salão que tinham lugar as reuniões do Clube dos *haschichins*[2] (Clube dos haxixeiros, dos comedores de haxixe), de que fazíamos parte e que alhures descrevemos com seus êxtases, sonhos e alucinações, seguidos de tão profundos derreamentos.

Como dissemos acima, o dono da casa era Fernand Boissard, cujos cabelos curtos e loiros, pele branca e avermelhada, olho cinza faiscante de luz e de espírito, boca rubra e dentes de pérola, pareciam dar testemunho de uma exuberância e de uma saúde à Rubens, e permitir uma vida prolongada para além dos limites comuns. Mas infelizmente, quem pode prever o destino de cada um? Boissard, a quem não faltava nenhuma das condições de felicidade, e que nem mesmo tinha conhecido a alegre miséria dos filhos de família, extinguiu-se, há já alguns anos, depois de ter-se sobrevivido longo tempo, de uma doença análoga àquela de que morreu Baudelaire. Era um rapaz dos mais bem dotados, Boissard; possuía a inteligência mais aberta; entendia igualmente bem de pintura, de música e de poesia; mas nele, talvez, o diletante prejudicasse o artista; a admiração tomava-lhe tempo excessivo, esgotava-se em entusiasmos; fora de dúvida que, se a necessidade o houvesse constrangido com mão de ferro, teria sido excelente pintor. O sucesso obtido no Salão por seu *Épisode de la retraite de Russie* [Episódio da retirada da Rússia] é disso a garantia segura. Entretanto, sem abandonar a pintura, deixou-se distrair por outras artes; tocava violino, organizava quartetos, decifrava Bach, Beethoven, Meyerbeer e Mendelssohn, aprendia línguas, escrevia crítica e fazia sonetos

---

[2] "Le Club des haschichins" é o título de um artigo de T. Gautier, na *Revue des Deux Mondes* (fevereiro de 1848), em que ele narra as reuniões do seu grupo no Hôtel Pimodan.

encantadores. Era um grande voluptuoso em matéria de arte, e ninguém desfrutou das obras-primas com maior refinamento, paixão e sensualidade do que ele; à força de admirar o belo, esquecia-se de exprimi-lo, e o que havia tão profundamente sentido, acreditava tê-lo manifestado. Sua conversação era encantadora, cheia de alegria e de imprevisto; ele tinha, coisa rara, a invenção da palavra e da frase, e toda sorte de expressões agradavelmente estranhas, *concetti* italianos e *agudezas* espanholas passavam diante de vossos olhos, quando falava, como caprichosas figuras de Callot, fazendo contorções graciosas e risíveis. Como Baudelaire, amante das sensações raras, ainda que perigosas, quis conhecer esses *paraísos artificiais* que, mais tarde, vos fazem pagar tão caro por seus êxtases mentirosos, e o abuso do haxixe deve ter alterado sem dúvida essa saúde robusta e florescente. Esta lembrança para um amigo de nossa juventude, com quem vivemos sob o mesmo teto, para um romântico do bom tempo que a glória não visitou, pois ele amava demais a dos outros para pensar na sua, não estará deslocada aqui, nesta notícia destinada a servir de prefácio às obras completas de um morto, amigo de nós ambos.

 Encontrava-se também ali, no dia dessa visita, Jean Feuchères, esse escultor da raça dos Jean Goujon, dos Germain Pilon e dos Benvenuto Cellini, cuja obra plena de bom gosto, de invenção e de graça desapareceu quase toda, abocanhada pela indústria e pelo comércio, e colocada, bem que ela merecia, sob os nomes mais ilustres para ser vendida mais caro a ricos amadores, que na verdade não eram ludibriados. Feuchères, além de seu talento de estatuário, tinha um espírito de imitação incrível, e nenhum ator representava um tipo como ele. Ele é o inventor desses cômicos diálogos entre o sargento Bridais e o fuzileiro Pitou cujo repertório cresceu prodigiosamente e que provocam ainda hoje um riso irresistível. Feuchères morreu primeiro e, dos quatro artistas reunidos naquela data no salão do hotel Pimodan, prosseguimos sozinho.

 No sofá, meio estendida e com o cotovelo apoiado numa almofada, com uma imobilidade cujo hábito ela tinha adquirido na prática de posar, Maryx, trajando um vestido branco, estranhamente constelada de bolinhas vermelhas semelhantes a gotinhas de sangue, escutava vagamente os paradoxos de Baudelaire, sem deixar transparecer a menor surpresa em sua máscara do mais puro tipo oriental, e passava seus anéis da mão esquerda para os dedos da mão direita, mãos tão perfeitas quanto o seu corpo, cujas formas nunca perderam a beleza.

Junto da janela, a mulher da serpente (não cabe dar aqui o seu verdadeiro nome) havia jogado sobre uma poltrona a sua mantilha de renda preta, e o toucado mais delicioso jamais plissado pelas mãos de Lucy Hocquet ou por Madame Baudrand, sacudia os belos cabelos de um castanho avermelhado ainda úmidos, pois tinha acabado de chegar da escola de natação e, de toda a sua pessoa envolta em musselina, exalava-se, como de uma náiade, o frescor perfumado do banho. Com os olhos, com o sorriso, ela encorajava esse torneio de palavras e nele lançava, de vez em quando, a sua palavra, ora zombeteira, ora de aprovação, e a luta recomeçava com mais ardor.

Já se foram essas horas encantadoras de lazer, em que decamerões de poetas, de artistas e de belas mulheres se reuniam para conversar de arte, de literatura e de amor, como no século de Boccacio. O tempo, a morte, as imperiosas necessidades da vida dispersaram aqueles grupos de livres simpatias, mas resta a lembrança tão cara a todos os que tiveram a felicidade de neles ser admitidos, e não é sem um involuntário enternecimento que escrevemos estas linhas. Pouco tempo depois desse encontro, Baudelaire veio procurar-nos para entregar um volume de versos, da parte de dois amigos ausentes. Ele próprio contou essa visita numa notícia literária que escreveu sobre nós em termos tão respeitosamente admirativos que não ousaríamos transcrevê-los. A partir desse momento, formou-se entre nós uma amizade em que Baudelaire quis sempre conservar a atitude de um discípulo favorito junto a um mestre simpático, embora não devesse o seu talento senão a si mesmo e não dependesse senão de sua própria originalidade. Jamais, na maior familiaridade, faltou a essa deferência que achávamos excessiva e de que o teríamos dispensado com prazer. Em várias oportunidades deu o mais alto testemunho dessa deferência, e a dedicatória das *Flores do Mal*, que nos é dirigida, consagra em sua forma lapidar a expressão absoluta desse devotamento amigo e poético.

Se insistimos nesses detalhes, não é, como se diz, para nos promover, mas porque eles mostram um lado desconhecido da alma de Baudelaire. Esse poeta, que se procura fazer passar por uma natureza satânica, amante do mal e da depravação (literariamente, bem entendido), possuía o amor e a admiração no mais alto grau. Ora, o que distingue Satã, é que ele não pode nem admirar nem amar. A luz fere-o e a glória é para ele um espetáculo insuportável que lhe faz tapar os olhos com as asas de morcego. Ninguém, mesmo no tempo de fervor do romantismo, teve mais que Baudelaire o respeito e a adoração pelos mestres: estava sempre pronto para pagar-lhes o tributo legítimo de incenso que mereciam, e isso, sem nenhum servilismo de discípulo, sem nenhum fanatismo sectário, pois ele próprio era um senhor com seu reino, seu povo, e moeda com seu cunho.

Talvez fosse conveniente, depois de ter mostrado dois retratos de Baudelaire em todo o brilho de sua juventude e na plenitude de sua força, apresentá-lo tal como foi durante os últimos anos de vida, antes que a doença tivesse estendido a mão para ele e selado com seu lacre aqueles lábios que não deviam mais falar neste mundo. Seu rosto estava emagrecido e como que espiritualizado; os olhos pareciam mais vastos, o nariz tinha-se acentuado finamente e tinha-se tornado mais firme; os lábios tinham-se apertado misteriosamente e nas suas comissuras pareciam guardar segredos sarcásticos. Aos laivos avermelhados de suas faces mesclavam-se tons tisnados de sol ou de fadiga. Quanto à testa, ligeiramente despojada, ganhara em grandeza e, por assim dizer, em solidez; dir-se-ia que fora talhada por planos sucessivos em algum mármore particularmente duro. Cabelos finos, sedosos e longos, já mais raros e quase totalmente brancos, acompanhavam aquela fisionomia a uma só vez velha e jovem e lhe emprestavam um aspecto quase sacerdotal.

Charles Baudelaire nasceu em Paris a 21 de abril de 1821, na Rua Hautefeuille, numa dessas casas de esquina que tinham, no ângulo, uma torre de flanquear, e que uma prefeitura apegada demais à linha reta e às largas vias certamente fez desaparecer. Era filho do Sr. Joseph-François Baudelaire, antigo amigo de Condorcet e de Cabanis, homem distintíssimo, muito instruído, conservando aquela fidalguia do século XVIII, que os costumes pretensiosamente intratáveis da era republicana não tinham apagado tanto quanto se pensa. Essa qualidade persistiu no poeta, que sempre conservou formas de uma urbanidade extrema. Não se vê que nos seus primeiros anos Baudelaire tenha sido um menino prodígio, e que tenha colhido muitos louros nas distribuições de prêmios dos colégios. Teve até bastante dificuldade nos exames de bacharel em letras, e foi aprovado como que de favor. Perturbado sem dúvida pelo imprevisto das questões, o rapaz, de um espírito tão fino e um saber tão real, pareceu quase idiota. Não temos absolutamente a intenção de fazer dessa inaptidão aparente um atestado de capacidade. Pode-se ter prêmio de honra e possuir muito talento. Não se deve ver nesse fato mais do que a incerteza dos presságios que se gostaria de tirar das provas acadêmicas. Por trás do aluno muitas vezes distraído e preguiçoso, ou antes, ocupado com outras coisas, o homem real se forma pouco a pouco, invisível para os professores e para os pais. O Sr. Baudelaire morreu e a esposa, mãe de Charles, casou-se em segundas núpcias com o General Aupick, que mais tarde foi embaixador em Constantinopla. Levantaram-se, sem tardança, dissentimentos na família a propósito da vocação precoce que o jovem Baudelaire manifestava pela literatura. Esses temores experimentados pelos pais quando o dom funesto da poesia se declara no filho, muitos legítimos, infelizmente; e é sem razão, a nosso ver, que, nas biografias dos poetas, se recrimina aos pais e às mães a sua incompreensão e prosaísmo. Eles bem que têm razão. A que existência triste, precária e miserável, e aqui não falamos dos apertos de dinheiro, está votado quem se engaja nessa via dolorosa a que chamam carreira das letras! Pode considerar-se desde esse instante como amputado do número dos humanos: nele a ação para; não vive mais; é expectador da vida. Toda sensação se torna para ele motivo de análise, involuntariamente, desdobra-se e, por falta de outro assunto, torna-se espião de si mesmo. Se lhe falta um cadáver, ele mesmo se deita sobre a lousa de mármore negro e, por um prodígio frequente em literatura, enfia o escalpelo em seu próprio coração. E que lutas encarniçadas com a Ideia, esse Proteu impalpável que assume todas as formas para se furtar ao nosso abraço, e que só entrega o seu oráculo quando é forçada a mostrar-se sob o seu verdadeiro aspecto! Essa Ideia, quando uma pessoa a mantém assustada e palpitante debaixo do joelho vencedor, tem de reerguê-la, vesti-la, colocar nela esses trajes de estilo tão difíceis de tecer, de tingir, de dispor em pregas severas ou graciosas. Nesse jogo mantido por longo tempo, os nervos se irritam, o cérebro se inflama, a sensibilidade se exaspera; e a neurose chega com suas inquietações estranhas, insônias alucinadas, sofrimentos indefiníveis, caprichos mórbidos, depravações fantasiosas, apetites e repugnâncias sem motivo, energias loucas e prostrações enervadas, busca de excitantes e repulsa por todo alimento são. Não mudamos o quadro; mais de uma morte recente garante-lhe a exatidão. E ainda vimos apenas os poetas de talento, visitados pela glória e que, pelo menos, sucumbiram no seio de seu ideal. Que seria se descêssemos a esses limbos donde sobem vagidos, com as sombras das criancinhas, as vocações natimortas, as tentativas abortadas, as larvas de ideias que não encontraram nem asas nem formas, pois o desejo não é o poder, o amor não é a posse. A fé não basta: é necessário o dom. Em literatura como em teologia, as obras não são nada sem a Graça.

Embora nem suspeitem desse inferno de angústias, pois, para conhecê-lo bem, é preciso que se desça pessoalmente as suas espirais, não sob a condução de um Virgílio ou de um Dante, mas sob a de um Lousteau, de um Lucien de Rubempré, ou de qualquer outro jornalista de Balzac, os pais pressentem instintivamente os perigos e os sofrimentos da vida literária ou artística, e se esforçam por desviar deles os filhos a quem amam e para os quais desejam na vida uma posição humanamente feliz.

Uma única vez desde que a Terra gira em torno do Sol, encontrou-se um pai e uma mãe que desejaram ardentemente ter um filho para consagrá-lo à poesia. A criança recebeu nessa intenção a mais brilhante educação literária e, por uma enorme ironia do destino, tornou-se *Chapelain*, autor de *La Pucelle* [A donzela]! Era, há que confessá-lo, ironia do destino.

Para dar outro curso àquelas ideias em que ele se obstinava, fizeram com que Baudelaire viajasse. Mandaram-no para bem longe. Embarcado num navio e recomendado ao capitão, percorreu com ele os mares da Índia, viu as ilhas Maurício, a ilha de Bourbon, Madagascar, talvez Ceilão, alguns pontos da península do Ganges, e nem por isso, absolutamente, renunciou ao projeto de ser homem de letras.

Tentou-se em vão fazê-lo interessar-se pelo comércio; pouco se lhe dava vender ou não o seu peixe. Um negócio de bois para abastecer de bifes os ingleses da Índia não despertou nele maior encanto, e dessa viagem de longo curso ele só trouxe um ofuscamento esplêndido que conservou por toda a vida. Admirou o céu onde brilham constelações desconhecidas na

Europa, aquela magnífica e gigantesca vegetação com perfumes penetrantes, aqueles pagodes elegantemente estranhos, aquelas figuras morenas com drapeados brancos, toda aquela natureza exótica tão quente, tão poderosa e tão colorida, e nos seus versos recorrências frequentes levam-no das cerrações e dos lodos de Paris para essas paragens de luz, de azul e de perfumes. Muitas vezes, no fundo da poesia mais sombria, abre-se uma janela por onde se vê, no meio das chaminés negras e dos telhados fumarentos, o mar azul da Índia, ou alguma praia de ouro que uma esbelta figura malabar ligeiramente percorre seminua, carregando na cabeça uma ânfora. Sem querer penetrar mais do que convém na vida privada do poeta, pode-se supor que foi durante essa viagem que ele adquiriu aquele seu amor pela Vênus negra, pela qual sempre votou um culto.

Quando voltou daquelas peregrinações distantes, soara a hora de sua maioridade; não havia mais razão – nem mesmo razão de dinheiro, pois estava rico, pelo menos por algum tempo – de se opor à vocação de Baudelaire; esta tinha-se afirmado pela resistência aos obstáculos, e nada tinha podido distraí-lo de seu objetivo. Instalado num pequeno apartamento de rapaz, sob o teto desse mesmo Hôtel Pimodan onde o encontramos mais tarde, como relatamos nas primeiras páginas desta nota, teve início aquela vida de trabalho interrompido e retomado continuamente, de estudos disparatados e de preguiça fecunda, que é a de todo homem de letras que busca o seu caminho. Baudelaire logo o encontrou. Avistou, não aquém, mas além do romantismo, uma terra inexplorada, uma espécie de Kamtchatka hirta e feroz, e foi na ponta mais extrema que construiu, como diz Sainte-Beuve, que o apreciava, um quiosque, ou melhor, uma iurta de arquitetura bizarra.

Vários poemas que figuram nas *Flores do Mal* já estavam compostos. Baudelaire, como todos os poetas natos, desde o início já possuía a sua forma e era senhor de seu estilo, que acentuou e poliu mais tarde, mas no mesmo sentido. Acusou-se muitas vezes Baudelaire de bizarria afetada, de originalidade intencional e obtida a qualquer preço, e principalmente de *maneirismo*. É um ponto em que convém parar antes de ir além. Existem indivíduos que são naturalmente amaneirados. A simplicidade seria neles afetação pura e como que uma espécie de maneirismo invertido. Teriam de procurar longamente e esforçar-se muito para ser simples. As circunvoluções de seu cérebro se dobram de tal modo que nele as ideias se retorcem, se entrecruzam e se enrolam em espirais ao invés de seguir a linha reta. Os pensamentos mais complicados, mais sutis, mais intensos são aqueles que se lhes apresentam primeiro. Veem as coisas sob um ângulo singular que lhes modifica o aspecto e a perspectiva. De todas as imagens, as mais estranhas, as mais insólitas, as mais fantasticamente longínquas do assunto tratado, ocorrem-lhes principalmente, e eles sabem ligá-las à sua trama por um fio misterioso desembaraçado de imediato. Baudelaire tinha um espírito assim e, onde a crítica quis ver o trabalho, o esforço, o excesso e o paroxismo do *parti pris*, não havia mais que o livre e fácil desabrochar de uma individualidade. Esses trechos de versos, de um sabor tão requintadamente estranho, encerrados em frascos tão bem cinzelados, não lhe custavam mais do que para outros um lugar comum mal rimado.

Baudelaire, mantendo embora pelos grandes mestres do passado a admiração que historicamente merecem, não pensava que devesse tomá-los como modelos: tinham tido a felicidade de chegar na juventude do mundo, na aurora, por assim dizer, da humanidade, quando nada havia sido exprimido ainda e quando toda forma, toda imagem, todo sentimento tinha um encanto de novidade virginal. Os grandes lugares comuns que compõem o fundo do pensamento humano estavam então em plena flor e bastavam para gênios simples que falavam a um povo infantil. Mas, à força de repetir as mesmas coisas, esses temas gerais de poesia tinham ficado gastos como moedas que, por circular demais, perdem o relevo impresso; e, aliás, a vida, tornada mais complexa, carregada de mais noções e ideias, já não era mais representada por essas composições artificiais feitas no espírito de uma outra época. Na mesma medida em que a verdadeira inocência é encantadora, a astúcia que finge não saber irrita e desagrada. A qualidade do século XIX não é precisamente a ingenuidade, e ele precisa, para exprimir seu pensamento, seus sonhos e suas postulações, de um idioma um pouco mais compósito do que a língua dita clássica. A literatura é como o dia: tem uma manhã, um meio-dia, uma tarde e uma noite. Sem dissertações vãs para saber se se deve preferir a aurora ao crepúsculo, deve-se pintar na hora em que se encontra e com uma paleta carregada das cores necessárias para produzir os efeitos que essa hora traz. Não tem o poente sua beleza como a manhã? Esses rubros de cobre, esses ouros verdes, esses tons de turquesa fundindo-se com a safira, todos esses matizes que queimam e se decompõem no grande incêndio final, essas nuvens de formas estranhas e monstruosas que jatos de luz penetram e que parecem o desmoronar gigantesco de uma Babel aérea, não oferecem tanta poesia quanto a Aurora com dedos de rosa, que entretanto não queremos desprezar? Mas há muito que as Horas que precedem o carro do Dia, no teto do Guia, já voaram embora!

O poeta das *Flores do Mal* gostava daquilo que se chama impropriamente o estilo de decadência, e que outra coisa não é senão a arte que chegou a esse ponto de maturidade extrema determinada a seus sóis oblíquos pelas civilizações que envelhecem; estilo engenhoso, complicado, erudito, cheio de cambiantes e de rebuscamentos, fazendo recuar sempre os limites da língua, tomando empréstimos em todos os vocabulários técnicos, tomando cores em todas as paletas, notas em todos os teclados, esforçando-se para exprimir o pensamento no que ele tem de mais inefável, e a forma em seus contornos mais vagos e mais fugidios, escutando, para traduzi-las, as confidências sutis da neurose, as confissões da paixão envelhecendo que se deprava e as alucinações bizarras da ideia fixa tendente à loucura. Esse estilo de decadência é a última palavra do Verbo forçado a experimentar tudo e levado ao extremo excesso. Pode-se lembrar, a propósito dele, a língua já rajada com os tons verdes da decomposição e como que meio estragada do baixo império romano e os refinamentos complicados da escola bizantina, forma derradeira da arte grega caída em deliquescência; mas esse é bem o idioma necessário e fatal dos povos e das civilizações em que a vida factícia substituiu a vida natural e desenvolveu no homem necessidades desconhecidas. Não é coisa fácil, aliás, esse estilo desprezado pelos pedantes, pois exprime ideias novas com formas novas e palavras que ainda não se ouviram. De encontro ao estilo clássico, ele admite a sombra e nessa sombra movem-se confusamente as larvas das superstições, os fantasmas apavorados da insônia, os terrores noturnos, os remorsos que estremecem e se voltam ao menor ruído, os sonhos monstruosos a que só a impotência põe paradeiro, as fantasias obscuras de que se espantaria o dia, e tudo aquilo que a alma, no fundo de sua mais profunda e derradeira caverna, encerra de tenebroso, de disforme e de vagamente horrível. É fácil imaginar que as mil e quatrocentas palavras do dialeto raciniano não bastam para o autor que assumiu a rude tarefa de exprimir as ideias e as coisas modernas em sua infinita complexidade e múltipla coloração. Assim Baudelaire, que, apesar de seu pouco sucesso nos exames do bacharelado, era bom latinista, preferia certamente, a Virgílio e a Cícero, Apuleio, Petrônio, Juvenal, Santo Agostinho e aquele Tertuliano cujo estilo tem o brilho negro do ébano. Chegava mesmo até o latim da Igreja, àquelas prosas e hinos em que a rima representa o ritmo antigo esquecido, e dirigiu sob este título, *Franciscae meae Laudes*, "a uma modista erudita e devota", tais são os termos da dedicatória, um poema latino rimado naquela forma que Brizeux chama de ternária, composta de três rimas que se seguem em vez de se entrelaçar em trança alternada como no terceto de Dante. A essa peça estranha se junta uma nota não menos singular, que transcrevemos aqui, pois ela exprime e corrobora o que acabamos de dizer sobre os idiomas em decadência:

> Não parece ao leitor, como a mim, que a língua da última decadência latina – supremo suspiro de uma pessoa robusta já transformada e preparada para a vida espiritual – seja singularmente própria para exprimir a paixão tal como a entendeu e exprimiu o mundo poético moderno? A misticidade é o outro polo desse ímã de que Catulo e seu bando, poetas brutais e puramente epidérmicos, só conheceram o polo da sensualidade. Nessa língua maravilhosa, o solecismo e o barbarismo parecem-me exprimir as negligências forçadas de uma paixão que perde as medidas e zomba das regras. As palavras, tomadas numa acepção nova, revelam a encantadora inabilidade do bárbaro do Norte ajoelhado diante da beleza romana. O próprio trocadilho, quando atravessa esses pedantescos gaguejos, não encena a graça inculta e barroca da infância?

Não se deve levar muito longe essa ideia. Baudelaire, quando não tem de exprimir algum desvio curioso, algum lado inédito da alma ou das coisas, usa uma língua pura, clara, correta e de uma exatidão tal que os mais exigentes nada encontram nela que possam reprovar. Isso é particularmente sensível em sua prosa, onde trata de matérias mais correntes e menos abstrusas do que em seus versos, quase sempre de uma concentração extrema. Quanto a suas doutrinas filosóficas e literárias, eram as de Edgar Poe, que ainda não tinha traduzido, mas com o qual tinha singulares afinidades. Pode-se aplicar-lhe as frases que escrevia sobre o autor americano no prefácio dos *Contos extraordinários*:

> Ele considerava o progresso, a grande ideia moderna, como êxtase de papa-moscas, e chamava os *aperfeiçoamentos* do habitáculo humano de cicatrizes e abominações retangulares. Só acreditava no imutável, no eterno e no *self-same*, e gozava, cruel privilégio, numa sociedade amorosa de si mesma, desse grande bom senso à Machiavel que caminha diante do sábio como uma coluna luminosa, através do deserto da história.

Baudelaire tinha total horror pelos filantropos, progressistas, utilitários, humanitários, utopistas e todos aqueles que pretendem mudar alguma coisa na invariável natureza e no arranjo fatal das sociedades. Não sonhava nem com a supressão do inferno nem com a da guilhotina para maior comodidade dos pecadores e dos assassinos; não pensava que o homem tivesse nascido bom, e admitia a perversidade original como um elemento que se encontra sempre no fundo das mais puras almas, perversidade, má conselheira que empurra o homem a fazer o que lhe é funesto, precisamente porque isso lhe é funesto e pelo prazer de contrariar a lei, sem outro atrativo senão a desobediência, fora de qualquer sensualidade, de qualquer proveito e de qualquer encanto. Ele constatava e flagelava nos outros como em si mesmo essa perversidade; assim como um escravo apanhado em falta, mas se abstinha de qualquer sermão, pois a considerava como condenavelmente irremediável. É sem razão, portanto, que certos críticos de vistas curtas tenham acusado Baudelaire de imoralidade, tema cômodo de deblaterações para a mediocridade invejosa e sempre bem acolhida pelos fariseus e pelos J. Prudhommes. Ninguém professou mais altivo asco pelas torpezas do espírito e pelas fealdades da matéria. Odiava o mal como um desvio da matemática e da norma e, em sua qualidade de perfeito *gentleman*, desprezava-o como inconveniente, ridículo, burguês e principalmente malsão. Se muitas vezes tratara de assuntos hediondos, repugnantes e doentios, é por essa espécie de horror e de fascinação que faz o pássaro magnetizado cair na goela impura da serpente; mais de uma vez, entretanto, com vigoroso bater de asas, rompe o encanto e sobe de volta para as regiões mais azuis da espiritualidade. Poderia gravar como divisa em seu sinete estas palavras: "Spleen e Ideal", que servem de título à primeira parte de seu volume de versos. Se o seu ramalhete se compõe de flores estranhas, de cores metálicas, de perfume vertiginoso, cujo cálice, em lugar de rocio, contém acres lágrimas ou gotas de aquatofana, ele pode responder que outras não nascem no húmus negro e saturado de podridão como um solo de cemitério das civilizações decrépitas, onde se dissolvem entre os miasmas mefíticos os cadáveres dos séculos precedentes; sem dúvida os *wergissmein-nicht*, as rosas, as margaridas, as violetas, são flores mais agradavelmente primaveris; mas não crescem muitas delas na lama negra em que se engastam as pedras do calçamento da cidade grande; e, aliás, Baudelaire, se possui o sentido da grande paisagem tropical, onde arrebentam como sonhos explosões de árvores de uma elegância bizarra e gigantesca, só é tocado mediocremente pelos pequenos sítios campestres dos subúrbios; e não seria ele que iria folgar como os filisteus de Henri Heine diante da romântica eflorescência do verde novo nem ficaria pasmado ao canto dos pardais. Gosta de seguir o homem pálido, crispado, torcido, convulsionado pelas paixões factícias e pelo real tédio moderno através das sinuosidades dessa imensa madrépora de Paris, de surpreender em seus mal-estares, prostrações e excitações, suas neuroses e desesperos. Como rolos de serpentes, olha fervilhar, debaixo de um esterco que se ergue, os maus instintos nascentes, os mais ignóbeis hábitos preguiçosamente acocorados em sua lama; e, com esse espetáculo que o atrai e o repele, ele ganha uma incurável melancolia, pois não se julga melhor do que os outros, e sofre de ver a pura abóbada dos céus e as castas estrelas veladas por vapores impuros.

    Com essas ideias, é fácil entender que Baudelaire era pela autonomia absoluta da arte e não admitia que a poesia tivesse outro fim senão a si mesma nem outra missão a cumprir a não ser exercitar na alma do leitor a sensação do belo, no sentido absoluto do termo. A essa sensação ele julgava necessário, em nossos tempos pouco ingênuos, acrescentar certo efeito de surpresa, de espanto e de raridade. Tanto quanto possível, bania da poesia a eloquência, a paixão e a verdade calcada muito exatamente. Da mesma forma que não se deve empregar diretamente na estatuária os pedaços moldados na natureza, ele queria que, antes de entrar na esfera da arte, todo objeto passasse por uma metamorfose que o apropriasse a esse meio sutil, idealizando-o e afastando-o da realidade trivial. Esses princípios podem espantar quando se lê certos poemas de Baudelaire em que o horror parece buscado com prazer, mas não há que se deixar enganar, tal horror é sempre transfigurado por um raio à Rembrandt, ou um traço de grandeza à Velásquez que trai a raça sob a deformidade sórdida. Remexendo em seu caldeirão toda espécie de ingredientes fantasticamente bizarros e cabalisticamente venenosos, Baudelaire pode dizer como as feiticeiras de *Macbeth*: "O belo é horrível, o horrível é belo". Essa espécie de feiura intencional não está portanto em contradição com o fim supremo da arte, e trechos tais como "Les Sept vieillards" [os sete anciãos] e "Les Petites vieilles" [as velhinhas] arrancaram do São João poético que sonha na Patmos de Guernesey esta frase, que tão bem caracteriza o autor das *Flores do Mal*: "Dotastes o céu da arte com não sei que raio macabro; criastes um arrepio novo." Mas não é, por assim dizer, senão a sombra do talento de Baudelaire, essa sombra ardentemente ruiva ou friamente azulada que lhe serve para valorizar o toque essencial e luminoso. Há serenidade nesse talento aparentemente tão nervoso, tão febril e tão atormentado. Nos altos píncaros, está tranquilo: *pacem summa tenent*.

Mas, em vez de escrever quais são as ideias do poeta a esse respeito, seria bem mais simples deixar que ele mesmo fale:

> A poesia, por menos que se queira descer dentro de si mesmo, interrogar a alma, chamar lembranças de entusiasmo, outro fim não tem senão a si mesma; não pode ter outro, e nenhum poema será tão grande, tão nobre, tão verdadeiramente digno do nome de poema, senão aquele que tiver sido escrito pelo prazer de escrever um poema.

> Não quero dizer que a poesia não enobreça os costumes – entendam-me bem – que o seu resultado final não seja elevar o homem acima dos interesses vulgares. Seria evidentemente um absurdo. Digo que, se o poeta perseguiu uma finalidade moral, diminuiu a sua força poética, e não é imprudente apostar que a sua obra será

ruim. A poesia não pode, sob pena de morte ou de decadência, assimilar-se à ciência ou à moral. Ela não tem a Verdade por objeto, só tem a si mesma. Os modos de demonstração da verdade são outros e estão noutra parte. A verdade nada tem a ver com as canções; tudo que faz o encanto, a graça, o irresistível de uma canção privaria a Verdade de sua autoridade e de seu poder. Frio, calmo, impassível o humor demonstrativo repele os diamantes e as flores da Musa; ele é, portanto, absolutamente o inverso do humor poético.

O Intelecto puro visa à Verdade, o Gosto mostra-nos a Beleza e o Sentido moral nos ensina o Dever. É verdade que o sentido do meio tem íntimas conexões com os dois extremos, e ele se separa do Sentido moral apenas por uma tão leve diferença, que Aristóteles não hesitou em elencar entre as virtudes algumas de suas delicadas operações. Assim, o que exaspera principalmente o homem de bom gosto no espetáculo do vício é a sua deformidade, a sua desproporção. O vício é uma ofensa ao justo e ao verdadeiro, revolta o intelecto e a consciência; mas, como ultraje à harmonia, como dissonância, ferirá mais particularmente certos espíritos poéticos, e não creio que provoque escândalo considerar qualquer infração à moral, ao belo moral, como uma espécie de pecado contra o ritmo e a prosódia universais.

É esse admirável, esse imortal instinto do Belo que nos faz considerar a terra e seus espetáculos como uma síntese, como uma *correspondência* do Céu. A sede insaciável de tudo que está além e a que a vida vela é a prova mais viva de nossa imortalidade. É ao mesmo tempo pela poesia e *através* da poesia, por e *através* da música que a alma entrevê os esplendores situados por trás do túmulo. E, quando um poema delicado traz as lágrimas à beira dos olhos, essas lágrimas não são a prova de um excesso de gozo, são antes o testemunho de uma melancolia irritada, de uma postulação de nervos, de uma natureza exilada no imperfeito e que gostaria de se apoderar imediatamente, já mesmo neste mundo, de um paraíso revelado.

Assim, o princípio da poesia é, estrita e simplesmente, a aspiração humana por uma beleza superior e a manifestação desse princípio está num entusiasmo, num enlevo da alma, entusiasmo totalmente independente da paixão, que é a embriaguez do coração, e da verdade, que é o pasto da razão. Pois a paixão é coisa *natural*, natural demais até para não introduzir um tom ofensivo, discordante no âmbito da beleza pura; familiar demais e violenta demais para não escandalizar os puros Desejos, as graciosas Melancolias e os nobres Desesperos que habitam as regiões sobrenaturais da poesia.

Ainda que poucos poetas tivessem uma originalidade e uma inspiração que brotassem mais espontaneamente do que Baudelaire, por desprezo do falso lirismo que alardeia acreditar na descida de uma língua de fogo sobre o escritor que rima com dificuldade uma estrofe, ele defendia que o verdadeiro autor provocava, dirigia e modificava à vontade essa potência misteriosa da produção literária, e encontramos, num trecho muito curioso que precede a tradução do célebre poema de Edgar Poe intitulado "O corvo", as linhas seguintes, meio irônicas, meio sérias, em que o pensamento próprio de Baudelaire se formula, dando a impressão de apenas analisar o do autor americano:

> A poética é feita, dizem-nos, e modelada a partir dos poemas. Eis aqui um poeta que assegura que o seu poema foi composto a partir da sua poética. Possuía por certo um grande gênio e mais inspiração do que quem quer que seja, se por inspiração se entende a energia, o entusiasmo intelectual e o poder de manter despertas as suas faculdades. Mas gostava também do trabalho mais do que qualquer outro; repetia de bom grado, ele, um original consumado, que a originalidade é coisa de aprendizado, o que não quer dizer coisa que possa ser transmitida pelo ensino. O acaso e o incompreensível eram os seus dois grandes inimigos. Ter-se-ia ele feito, por uma vaidade estranha e engraçada, muito menos inspirado do que naturalmente era? Teria ele diminuído a faculdade gratuita que estava nele para dar à vontade o maior quinhão? Minha tendência é acreditar que sim; muito embora não se deva esquecer que seu gênio, por mais ardente e ágil que fosse, era apaixonado por análise, por combinação e por cálculos. Um de seus axiomas preferidos era o seguinte: "Tudo, num poema como num romance, num soneto como numa novela, deve concorrer para o desfecho. Um bom autor já tem em vista a sua última linha quando escreve a primeira." Graças a esse método admirável, o compositor pode começar sua obra pelo fim e trabalhar, quando lhe aprouver, em qualquer parte. Os amantes do *delírio* ficarão talvez revoltados com essas máximas *cínicas*, mas cada um poderá tomar delas o que quiser. Será sempre útil mostrar-lhes que benefícios a arte pode tirar da deliberação e fazer as pessoas do mundo verem que labor exige este objeto de luxo a que se chama poesia. Afinal de contas, um pouco de

charlatanismo é sempre permitido ao gênio, e até nem lhe assenta mal. É como a pintura no rosto de uma mulher naturalmente bela, um tempero novo para o espírito.

Esta última frase é característica e trai o gosto particular do poeta pelo *artificial*. Ele nunca escondeu, aliás, essa predileção. Gostava dessa espécie de belo compósito e por vezes um pouco factício elaborado por civilizações muito adiantadas ou muito corrompidas. Digamos, para que se entenda por uma imagem concreta, que ele preferia a uma simples jovem que só tivesse como cosmético a água da pia, uma mulher mais madura que utilizasse todos os recursos do coquetismo erudito, diante de um toucador coberto de frascos de essências, leite-de-rosas, escovas de marfim e pinças de aço. O perfume profundo dessa pele macerada nos aromatizantes como a de Ester, que foi mergulhada durante seis meses no óleo de palma e seis meses no cinamomo antes de se apresentar ao rei Assuero, tinha sobre ele um poder vertiginoso. Um ligeiro toque de pintura de rosa da China ou hortênsia sobre uma face fresca, pintas pretas colocadas de maneira provocante no canto da boca ou do olho, pálpebras escurecidas com *k'hol*, cabelos tingidos de ruivo e mechados de ouro, uma flor de pó-de-arroz no colo e nos ombros, lábios e pontas de dedos avivados de carmim, não lhe desagradavam de modo algum. Gostava desses retoques feitos pela arte na natureza, esses realces espirituais, esses apelos picantes colocados com mão hábil para aumentar a graça, o charme e o caráter de uma fisionomia. Não seria ele que iria escrever virtuosas tiradas contra a maquiagem e a crinolina. Tudo que afastava o homem e principalmente a mulher do estado de natureza lhe parecia uma invenção feliz. Esses gostos pouco primitivos se explicam por si mesmos e devem compreender-se num poeta de *decadência* autor das *Flores do Mal*. Não causaremos espécie a ninguém se acrescentarmos que ele preferia ao odor simples da rosa e da violeta o benjoim, o âmbar, e mesmo o almíscar tão desconsiderado em nossos dias, e também o aroma penetrante de certas flores exóticas cujos perfumes são demasiado capitosos para os nossos climas moderados. Baudelaire era, em questão de odores, de uma sensualidade estranhamente sutil que não se encontra quase a não ser entre os orientais. Percorria deliciosamente toda a gama deles, e justamente pôde dizer de si esta frase que Banville cita e que referimos no início de nosso artigo no retrato do poeta: "Minha alma adeja sobre os perfumes, como a alma dos outros homens adeja sobre a música!"[3]

Também gostava das toaletes de elegância estranha, de riqueza caprichosa, de fantasia insolente, onde se mesclava algo de atriz e de cortesã, embora ele próprio se vestisse com severa exatidão; mas esse gosto excessivo, barroco, antinatural, quase sempre contrário à beleza clássica, era para ele um sinal da vontade humana corrigindo a seu bel-prazer as formas e as cores fornecidas pela matéria. No lugar onde o filósofo não encontra senão um texto de declamação, ele via uma prova de grandeza. A *depravação*, isto é, o desvio do tipo normal, é impossível para o animal, fatalmente conduzido pelo instinto imutável. É pela mesma razão que os poetas *inspirados*, não tendo a consciência e a direção de sua obra, causavam-lhe uma espécie de aversão, e que ele queria introduzir a arte e o próprio trabalho na originalidade.

Aí está muita metafísica para uma informação biográfica, mas Baudelaire era de uma natureza sutil, complicada, arrazoadora, paradoxal e mais filosófica do que é, em geral, a dos poetas. A estética de sua arte preocupava-o muito; sobejavam-lhe sistemas que tentava realizar, e tudo que fazia era submetido a um planejamento. Segundo ele, a literatura devia ser *intencional*, e a parte *acidental*, tão restrita quanto possível. Isso não o impediu de aproveitar, como poeta verdadeiro, dos imprevistos felizes da execução e dessas belezas que desabrocham do fundo mesmo do sujeito sem ter sido previstas, como florinhas que o acaso mescla ao grão escolhido pelo semeador. Todo artista é um pouco como Lope de Vega que, no momento de compor as suas comédias, trancava os preceitos *con seis llaves* [com seis chaves]. No fogo do trabalho, voluntariamente ou não, esquece os sistemas e os paradoxos.

A reputação de Baudelaire, que, durante alguns anos, não havia ultrapassado os limites daquele pequeno cenáculo que todo gênio nascente aglomera em torno de si, explodiu de

---

[3] No texto "Un hémisphère dans une chevelure", que faz parte dos *Petits poèmes en prose*, a frase correta é: "Mon âme voyage sur le parfum comme l'âme des autres hommes sur la musique." (Minha alma viaja sobre os perfumes como a alma dos outros homens viaja sobre a música). (N. do T.)

repente quando se apresentou ao público trazendo na mão o ramalhete das *Flores do Mal*, um ramalhete em nada parecido com os inocentes maços poéticos dos principiantes. Agitou-se a atenção da justiça, e alguns poemas de uma imoralidade tão erudita, tão abstrusa, tão envolta de formas e de véus de arte que exigiriam, para ser compreendidos pelos leitores, uma elevada cultura literária, tiveram de ser amputados do volume e substituídos por outros de excentricidade menos perigosa. Em geral, não se faz grande celeuma em torno de livros de versos; eles nascem, vegetam e morrem em silêncio, pois dois ou três poetas no máximo bastam para o nosso consumo intelectual. A luz e a celeuma fizeram-se de imediato em torno de Baudelaire e, amainado o escândalo, reconheceu-se que ele trazia, coisa tão rara, uma obra original e de um sabor todo particular. Dar ao gosto uma sensação desconhecida é a maior felicidade que pode acontecer a um escritor e principalmente a um poeta.

Flores do Mal era um desses títulos felizes mais difíceis de encontrar do que se pensa. Resumia sob uma forma breve e poética a ideia geral do livro e indicava as suas tendências. Embora seja muito evidentemente romântico de intenção e de feitura, não se pode ligar Baudelaire por nenhum laço bastante visível a nenhum dos grandes mestres dessa escola. Seu verso, de estrutura refinada e culta, de concisão às vezes demasiado justa e que aperta os objetos mais como uma armadura do que como uma roupa, apresenta à primeira leitura uma aparência de dificuldade e de obscuridade. Isso tem a ver, não com um defeito do autor, mas com a novidade mesma das coisas que ele exprime e que ainda não tinham sido apresentadas por meios literários. Foi preciso que o poeta, para chegar a esse ponto, compusesse para si uma língua, um ritmo e uma paleta. Mas não pôde impedir que o leitor ficasse surpreso face a esses versos tão diferentes daqueles que se tinham feito até então. Para pintar as corrupções que lhe causam horror, soube encontrar essas nuanças morbidamente ricas da podridão mais ou menos adiantada, esses tons de nácar e de burgau que cobrem as águas estagnadas, esses róseos de tísica, esses brancos de clorose, esses amarelos hepáticos de bile extravasada, esses cinzas plúmbeos de bruma pestilenta, esses verdes envenenados e metálicos fedendo a arseniato de cobre, esses pretos de fumaça dissolvidos pela chuva ao longo das paredes gessadas, esses betumes recozidos e arruçados em todas as frituras do inferno tão excelentes para servir de fundo a alguma cabeça lívida e espectral, e toda essa gama de cores exasperadas levadas ao mais intenso grau, que correspondem ao outono, ao pôr do sol, à maturação extrema dos frutos e à última hora das civilizações.

O livro começa por um poema *ao leitor*, que o autor não tenta bajular, como é costume, e ao qual diz as mais duras verdades, acusando-o, apesar de sua hipocrisia, de ter todos os vícios que recrimina nos outros e de alimentar no coração o grande monstro moderno, o Tédio, que, com sua covardia burguesa, sonha simplesmente com as ferocidades e as depravações romanas, Nero burocrata, Heliogábalo lojista. Outro poema da maior beleza e intitulado, sem dúvida por uma antífrase irônica, "Bendição", pinta a chegada do poeta a este mundo, objeto de espanto e de aversão para a própria mãe, envergonhada com o produto de suas entranhas, perseguido pela parvoíce, a inveja e o sarcasmo, a braços com a crueldade pérfida de alguma Dalila, feliz de entregá-lo aos filisteus, nu, desarmado, cabeça raspada, depois de ter esgotado sobre ele todos os refinamentos de um coquetismo feroz, e chegando finalmente, depois dos insultos, das misérias, das torturas, depurado no cadinho da dor, à eterna gloria, à coroa de luz destinada à fronte dos mártires, que tenham sofrido pela Verdade e pela Beleza.

Um pequeno poema que vem em seguida e que tem por título "Sol" encerra como uma espécie de justificação tácita do poeta em suas andanças vagabundas. Um alegre raio brilha sobre a cidade lodacenta; o autor saiu e percorre, "como um poeta que pega versos no visco", para usarmos a pitoresca expressão do velho Mathurin Regnier, dos bairros imundos, das ruelas onde persianas fechadas escondem, ao mesmo tempo que as indica, as luxúrias secretas, todo esse dédalo negro, úmido, lamacento das velhas ruas com casas tortas e leprosas, onde a luz faz brilhar, aqui e ali, em alguma janela, um vaso de flores ou uma cabeça de moça. Não é o poeta como o sol que entra sempre sozinho em toda parte, no hospital como no palácio, no pardieiro como na igreja, sempre puro, sempre brilhante, sempre divino, colocando indiferente o seu clarão de ouro sobre a carniça e sobre a rosa?

"Elevação" mostra-nos o poeta nadando em pleno céu, para além das esferas estreladas, no éter luminoso, nos confins do nosso universo desaparecido no fundo do infinito como uma nuvenzinha, e embriagando-se desse ar raro e salubre aonde não sobe nenhum dos miasmas da terra e que é perfumado pelo sopro dos anjos; pois não se deve esquecer que Baudelaire, embora o tenham acusado muitas vezes de materialismo, censura que a estultícia não deixa de fazer ao talento, é, pelo contrário, dotado em grau eminente do dom de *espiritualidade*, como diria Swedenborg. Possui também o dom de *correspondência*, para empregar o mesmo idioma místico, isto é, ele sabe descobrir, por uma intuição secreta, relações invisíveis para outros e aproximar assim, por analogias inesperadas que só o *vidente* pode captar, os objetos mais afastados e aparentemente mais opostos. Todo verdadeiro poeta é dotado dessa qualidade mais ou menos desenvolvida, que é a própria essência de sua arte.

Por certo Baudelaire, nesse livro dedicado à pintura das depravações e das perversidades modernas, enquadrou pinturas repugnantes, em que o vício desnudado se espoja em toda a feiura de sua vergonha; mas o poeta, com supremo asco, com uma indignação cheia de desprezo e uma recorrência para o ideal que muitas vezes falta aos satíricos, estigmatiza e marca com ferro em brasa indelével essas carnes malsãs, emplastadas de unguento e de alvaiade. Em parte alguma a sede do ar virgem e puro, da brancura imaculada, da neve no alto do Himalaia, do azul sem mácula, da luz imarcescível, se mostra mais ardentemente do que nesses textos que se taxaram de imorais, como se a fustigação do vício fosse o próprio vício, e se se fosse envenenador por ter descrito a farmácia tóxica dos Bórgia. Esse método não é novo, mas sempre logra êxito, e certas pessoas afetam não poderem ler as *Flores do Mal* senão com uma máscara de vidro, como a que usava Exili quando trabalhava em seu famoso pó de sucessão. Lemos muitas vezes as poesias de Baudelaire, e não caímos morto, com o rosto convulso e o corpo pintado de manchas negras, como se tivéssemos jantado com a Vannozza numa vinha do papa Alexandre VI. Todas essas tolices, infelizmente prejudiciais, pois todos os tolos as adotam com entusiasmo, fazem dar de ombros o artista realmente digno desse nome, que fica muito surpreso quando lhe informam que o azul é moral e o escarlate é indecente.

É mais ou menos como se se dissesse: a batata é virtuosa e o meimendro é criminoso.

Um trecho encantador sobre os perfumes distingue-os em diversas classes, despertando ideias, sensações e lembranças diferentes. Há os que são frescos como carnes de criança, verdes como as campinas na primavera, lembrando os rubores da aurora e carregando consigo pensamentos de inocência. Outros, como o almíscar, o âmbar, o benjoim, o nardo e o incenso, são soberbos, triunfantes, mundanos, incitam ao coquetismo, ao amor, ao luxo, aos festins e aos esplendores. Se os transpuséssemos para a escala das cores, representariam o ouro e a púrpura.

O poeta volta com frequência a essa ideia da significação dos perfumes. Junto de uma beleza felina, "sinhá" do Cabo ou bailadeira da Índia perdida em Paris, que parece ter tido como missão adormecer o *spleen* nostálgico, ele fala desse odor mesclado "de almíscar e de havana" que transporta a sua alma para as plagas amadas do sol, onde se recortam em leque as folhas da palmeira no ar tépido e azul, onde mastros de navios dançam na marola harmoniosa do mar, enquanto os escravos silenciosos tentam distrair o jovem senhor de sua langorosa melancolia. Mais adiante, perguntando-se o que deve restar de sua obra, compara-se a um velho frasco tapado, esquecido entre as teias de aranha, no fundo de algum armário, numa casa deserta. Do armário aberto exalam-se, com mofo de passado, os fracos perfumes dos vestidos, das rendas, das caixas de pó que suscitam lembranças de velhos amores, de antigas elegâncias; e, se porventura se destapa o frasco visguento e rançoso, dele se desprenderá um sal inglês e vinagre "dos quatro ladrões"[4], um poderoso antídoto da moderna pestilência. Em muitos lugares essa preocupação com o aroma reaparece, envolvendo com uma nuvem sutil as pessoas e as coisas. Em muito poucos poetas encontramos semelhante preocupação; habitualmente contentam-se em colocar em seus versos a luz, a cor, a música, mas é raro que derramem neles essa gota de fina essência com que a musa de Baudelaire nunca deixa de umectar a esponja de seu defumador ou a cambraia de seu lenço.

---

[4] Tradução literal de *vinaigre des quatre voleurs*, uma espécie de vinagre composto que se passa no corpo como preservativo contra infecções. (N. do T.)

Pois que estamos a contar os gostos particulares e as pequenas manias do poeta, digamos que ele adorava os gatos, amantes, como ele, dos perfumes, e que são lançados numa espécie de epilepsia extática pelo odor da valeriana. Gostava desses animais encantadores e tranquilos, misteriosos e doces, com seus tremores elétricos, cuja atitude favorita é a pose estirada das esfinges que parecem ter-lhes transmitido os seus segredos; vagam com passos de veludo pela casa como o gênio do lugar, *genius loci,* ou vêm sentar-se sobre a mesa junto do escritor, fazendo companhia a seu pensamento e olhando para ele do fundo de suas pupilas salpicadas de ouro com uma ternura inteligente e uma penetração mágica. Dir-se-ia que os gatos adivinham a ideia que desce do cérebro para o bico da pena e que, estendendo a pata, parecem querer apanhá-la na passagem. Comprazem-se no silêncio, na ordem e na quietude, e nenhum lugar lhes convém melhor que o gabinete do literato. Esperam com admirável paciência que ele tenha terminado a sua tarefa, enquanto desfiam a sua dobadoura gutural e rítmica como uma espécie de acompanhamento do trabalho. Por vezes, lustram com a língua alguma parte arrepiada de sua pelagem; pois são limpos, cuidadosos, dengosos, e não toleram nenhuma irregularidade na toalete, mas tudo isso de maneira discreta e calma, como se temessem distrair ou incomodar. Suas carícias são ternas, delicadas, silenciosas, *femininas,* e nada têm de comum com a petulância barulhenta e grosseira que dão a elas os cães, aos quais, entretanto, é dedicada toda a simpatia do vulgo. Todos esses méritos eram devidamente apreciados por Baudelaire, que mais de uma vez dedicou aos gatos belas composições em versos – *As flores do Mal* contêm três delas – em que celebra as qualidades físicas e morais desses animais e, com bastante frequência, ele os faz vagar através de suas composições como acessório característico. Os gatos abundam nos versos de Baudelaire como os cães nos quadros de Paul Véronesé e constituem uma espécie de assinatura. Há que se dizer também que existe nesses lindos bichos, tão comportados durante o dia, um lado noturno, misterioso e cabalístico, que seduzia muito o poeta. O gato, com seus olhos fosfóricos que lhe servem de lanternas e as chispas que lhes saltam do dorso, frequenta sem medo as trevas, onde se encontra com os fantasmas errantes, as feiticeiras, os alquimistas, os necromantes, os ressurrecionistas, os amantes, os larápios, os assassinos, as patrulhas pardas e todas essas larvas escuras que só saem e só trabalham de noite. Ele parece conhecer a mais recente crônica do sabá, e gosta de se esfregar na perna coxa de Mefistófeles. As suas serenatas sob os balcões das gatas, os seus amores nos telhados, acompanhados de gritos semelhantes aos de uma criança a que se estivesse degolando, dão-lhe um ar bastante satânico que até certo ponto justifica a repugnância dos espíritos diurnos e práticos, para quem os mistérios do Érebo não possuem nenhum atrativo. Mas um doutor Fausto, em sua cela entulhada de alfarrábios e de instrumentos de alquimia, gostará de ter sempre um gato como companheiro. O próprio Baudelaire era um gato voluptuoso, carinhoso, de maneiras aveludadas, andar misterioso, cheio de força em sua plasticidade fina, fixando nas coisas e nos homens um olhar de um brilho inquietante, livre, voluntário, difícil de reter, mas sem nenhuma perfídia e fielmente apegado àqueles para que o encaminhara sua independente simpatia.

Diversas figuras de mulher aparecem no fundo das poesias de Baudelaire, umas veladas, outras seminuas, mas sem que se possa atribuir-lhes um nome. São antes tipos do que pessoas. Representam o *eterno feminino*, e o amor que o poeta exprime por elas é *o amor* e não *um amor,* pois vimos que, em sua teoria, não admitia a paixão individual, achando-a demasiado crua, familiar e violenta. Entre essas mulheres, umas simbolizam a prostituição inconsciente e quase bestial, com suas máscaras engessadas de base e de alvaiade, olhos encarvoados de tintura, bocas tingidas de vermelho e semelhantes a feridas sangrentas, capacetes de cabelos falsos e joias de um brilho seco e duro; outras, de uma corrupção mais fria, mais culta e mais perversa, espécies de marquesas de Marteuil do século XIX, transpõem o vício do corpo para a alma. São altivas, glaciais, amargas, só encontrando prazer na maldade satisfeita, insaciáveis como a esterilidade, mornas como o tédio, só tendo fantasias histéricas e loucas, e destituídas, assim como o Demônio, do poder de amar. Dotadas de uma beleza horripilante, quase espectral, a que não anima a púrpura rubra da vida, caminham rumo a seu objetivo pálidas, insensíveis, soberbamente enojadas, por sobre os corações que elas esmagam com os saltos pontiagudos. Ao sair desses amores que parecem ódios, desses prazeres mais mortíferos do que combates, é que o poeta volta para esse ídolo moreno de perfume exótico, de ornato barbaramente barroco, flexível e lasciva como a pantera negra de Java, que o repousa e compensa dessas malvadas gatas parisienses de garras agudas, brincando de ratinho com um coração de poeta. Mas não é a nenhuma dessas criaturas de gesso, de mármore ou de ébano que ele dá a sua alma. Acima desse negro amontoado de cassas leprosas, desse dédalo infecto onde circulam os espectros do prazer, desse imundo formigamento de miséria, de fealdade e de perversidades, longe, bem longe no inalterável azul, flutua o adorável fantasma da Beatrix, o ideal sempre desejado, jamais atingido, a beleza superior e divina encarnada sob a forma de mulher etérea, espiritualizada, feita de luz, de chama e de perfume, um vapor, um sonho, um reflexo do mundo aromal e seráfico como as Ligeia, as Morella, as Una, as Eleonor de Edgar Poe e a Seraphita-Seraphitus de Balzac, essa admirável criação. Do fundo de suas decadências, de seus erros e desesperos, é para essa imagem celeste como para uma madona do Perpétuo Socorro que estende os braços com gritos, prantos e um profundo desgosto de si mesmo. Nas horas de melancolia amorosa, é sempre com ela que gostaria de fugir e de esconder a sua felicidade perfeita em algum abrigo misteriosamente feérico, ou idealmente confortável, *cottage* de Gainsborough, interior de Gerard Dow, ou, melhor ainda, palácio de rendas de mármore de Benarés ou de Haiderabad. Nunca o seu sonho leva outra companheira. Deve-se ver nessa Beatrix, nessa Laura que nenhum nome designa, uma moça ou uma jovem senhora real, apaixonada e religiosamente amada pelo poeta durante sua passagem por esta terra? Seria romanesco supô-lo, e não nos foi dado penetrar com profundidade suficiente na vida íntima de seu coração para responder afirmativa ou negativamente a essa pergunta. Em sua conversação toda metafísica, Baudelaire falava muito de suas ideias, muito pouco de seus sentimentos e nunca de suas ações. Quanto ao capítulo dos amores, havia colocado como lacre sobre os lábios finos e desdenhosos um camafeu com a figura de Harpócrates. O mais seguro seria ver nesse amor ideal uma postulação da alma, o ímpeto de um coração insatisfeito e o eterno suspiro do imperfeito aspirando ao absoluto.

No final das *Flores do Mal* encontra-se uma sequência de poemas sobre *o vinho* e as diversas formas de embriaguez que produz, conforme os cérebros que ataca. Não precisamos dizer que não se trata aqui de canções báquicas a celebrar o suco da parreira, nem nada semelhante. São pinturas horripilantes e terríveis da bebedeira, mas sem moral à moda de Hogarth. O quadro não precisa de legenda, e "O vinho do operário" faz estremecer. "As ladainhas de Satã", deus do mal e príncipe do mundo, são uma dessas frias ironias familiares ao autor em que estaria errado ver uma impiedade. A impiedade não está na natureza de Baudelaire, que acredita numa matemática superior estabelecida por Deus desde toda a eternidade e cuja menor infração é punida com os mais duros castigos, não apenas neste mundo, mas também no outro. Se ele pintou o vício e mostrou Satã com todas as suas pompas, foi certamente sem qualquer condescendência. Tem até uma preocupação bastante singular com o diabo enquanto tentador, cuja garra vê por toda parte, como se ao homem não bastasse a sua perversão nativa para levá-lo à infâmia e ao crime. O erro, em Baudelaire, é sempre acompanhado de remorsos, de angústias, de asco, de desesperos, e se pune por si mesmo, o que é o pior suplício. Mas já tratamos bastante deste assunto. Fazemos crítica e não teologia.

Destaquemos, entre os poemas que compõem *As flores do Mal*, alguns dos mais notáveis, entre outros aquele que tem por título "Don Juan nos infernos". É um quadro de grandeza trágica e pintado com cor sóbria e magistral sobre a chama sombria das abóbadas infernais.

A barca fúnebre desliza sobre a água negra, levando Don Juan e seu cortejo de vítimas e de insultados. O mendigo que ele tentou fazer com que renegasse a Deus, o maltrapilho atlético, soberbo sob os seus andrajos como Antístenes, maneja os remos no lugar do velho Caronte. À popa, um homem de pedra, fantasma desbotado, gestos rígidos e sepulcrais, segura o timão. O velho Don Luís aponta com o dedo os cabelos brancos de que zomba o seu filho hipócrita e ímpio. Sganarello pede o pagamento dos empréstimos que fez ao seu amo, agora insolvente. Doña Elvira procura trazer de volta o antigo sorriso do amante aos lábios do esposo desdenhoso, e as pálidas namoradas maltratadas, abandonadas, traídas, calcadas aos pés como flores da véspera, mostram-lhe a ferida sempre sangrando de seu coração. Sob o concerto de prantos, de gemidos e de maldições, Don Juan permanece impassível; fez o que quis; que o Céu, o inferno e o mundo o julguem como entenderem, o seu orgulho desconhece o remorso; o raio pode tê-lo morto, mas não fazê-lo arrepender-se.

Por sua melancolia serena, tranquilidade luminosa e *kief* oriental, o poema intitulado "La Vie antérieure" [A vida anterior] contrasta de maneira feliz com as pinturas sombrias da monstruosa Paris moderna e mostra que o artista tem, em sua paleta, ao lado dos pretos, dos betumes, piches, terras de sombra e de Sienna, toda uma gama de nuances frescas, leves, transparentes, delicadamente róseas, idealmente azuis como os longes de Breughel de Paradis, próprios para reproduzir as paisagens elísias e as miragens de sonho.

Convém citar, como nota particular do poeta, o sentimento do *artificial*. Por essa palavra deve-se entender uma criação inteiramente devida à Arte e da qual a natureza fica completamente ausente. Num artigo que fizemos enquanto Baudelaire ainda era vivo, apontamos essa tendência extravagante de que é um exemplo convincente o poema intitulado "Rêve parisien" [Sonho parisiense]. Eis as linhas que tentam mostrar esse pesadelo esplêndido e sombrio, digno das gravuras à moda negra de Martynn:

> Imagine uma paisagem extranatural, ou antes, uma perspectiva feita com metal, mármore e água, e de onde é banido o vegetal como sendo irregular. Tudo é rígido, polido, rebrilhando sob o céu sem sol, sem lua e sem estrelas. No meio de um silêncio de eternidade sobem, iluminados por um fogo pessoal, palácios, colunatas, torres, escadarias, caixas d'água de onde caem, como cortinas de cristal, pesadas cascatas. Águas azuis enquadram-se como o aço dos espelhos antigos em plataformas e tanques de ouro brunido, ou escorrem silenciosamente sob pontes de pedras preciosas. O raio cristalizado emoldura o líquido, e as lajes de pórfiro dos terraços refletem os objetos como espelhos. A rainha de Sabá, caminhando por ali, soergueria o vestido, temendo molhar os pés, tão luzentes são as superfícies. O estilo desse poema brilha como um mármore preto polido.

Não é uma estranha fantasia essa composição feita de elementos rígidos em que nada vive, nem palpita, nem respira, em que nenhuma haste de capim, nenhuma folha, nenhuma flor vem perturbar a implacável simetria das formas factícias inventadas pela arte? Não se acreditaria estar na Palmira intacta ou na Palenque ainda em pé de um planeta morto e privado de sua atmosfera?

 Aí estão, sem dúvida, fantasias barrocas, antinaturais, vizinhas da alucinação e que exprimem o secreto desejo de uma novidade impossível; mas as preferimos, por nossa parte, à insossa simplicidade dessas pretensas poesias que, sobre o esboço desgastado de um lugar comum, bordam, com velhas lãs desbotadas, desenhos de uma trivialidade burguesa ou de um sentimentalismo imbecil: coroas de rosas grandes, folhagens verde-couve e pombas se bicando. Por vezes, não tememos comprar o raro pelo preço do chocante, do fantasioso e do exagerado. A barbárie nos assenta melhor do que a platitude. Para nós, Baudelaire tem esta vantagem: pode não ser bom, mas nunca é comum. Suas falhas são originais como as suas qualidades, e, mesmo naquilo em que desagrada, ele o quis assim, de acordo com uma estética particular e um raciocínio longamente debatido.

 Terminemos esta análise já um pouco longa, e que no entanto abreviamos bastante, com algumas palavras sobre aquele poema das "Velhinhas" que causou espécie a Victor Hugo. O poeta, ao passear pelas ruas de Paris, vê passar umas velhinhas de andar humilde e triste, e ele as segue como se faria com belas mulheres, reconhecendo, pelo velho *cachemire* usado, gasto, cerzido mil vezes, de um tom apagado, que molda pobremente magros ombros, pelo pedaço de renda esgarçada e amarelenta, aquele anel, lembrança penosamente disputada à casa de penhor e prestes a cair do dedo afilado de uma mão pálida, um passado de ventura e de elegância, uma vida de amor e de dedicação talvez, um resto de beleza sensível ainda sob os escombros da miséria e as devastações da idade. Ele reanima todos esses espectros trêmulos, apruma-os, repõe a carne da juventude sobre esses delgados esqueletos, e ressuscita nesses pobres corações emurchecidos as ilusões de outrora. Nada mais ridículo nem mais tocante do que essas Vênus do Père-Lachaise e essas Ninons dos Petits-Ménages que desfilam lentamente sob a evocação do mestre, como uma procissão de espectros surpreendidos pela luz.

A questão da métrica, desdenhada por todos aqueles que não possuem o sentimento da forma, e são numerosos hoje, foi, com toda razão, julgada muito importante por Baudelaire. Nada mais comum, agora, do que tomar *o poético* pela *poesia*. São coisas que não têm qualquer relação. Fénelon, J.-J. Rousseau, Bernardin de Saint-Pierre, Chateaubriand, George Sand são poéticos, mas não são poetas, isto é, são incapazes de escrever em versos, mesmo em versos medíocres, faculdade especial que possuem pessoas de mérito bem inferior ao desses mestres ilustres. Querer separar o verso da poesia é uma loucura moderna que tende a nada menos do que ao aniquilamento da própria arte. Encontramos num artigo excelente de Sainte-Beuve sobre Taine, a propósito de Pope e de Boileau, tratados bastante ligeiramente pelo autor da *História da literatura inglesa*, este parágrafo tão firme e judicioso, em que as coisas são colocadas sob o seu verdadeiro enfoque pelo grande crítico, que a princípio foi um grande poeta, e continua sendo.

> Mas, a respeito de Boileau, posso eu aceitar este julgamento estranho de um homem espirituoso, esta opinião de desprezo que Taine, ao citá-la, assume para si, e não teme endossar de passagem: "Há duas espécies de versos em Boileau: os mais numerosos, que parecem ser de um bom aluno de oitava série; os menos numerosos, que parecem ser de um bom aluno de retórica"? O homem de espírito que assim fala (Guillaume Guizot) não sente Boileau como poeta e, eu irei mais longe, não deve sentir nenhum poeta como poeta. Concebo que não se coloque toda a poesia na confecção; mas não concebo absolutamente que, quando se trata de uma arte, não se leve em nenhuma conta a própria arte, e que se deprecie a tal ponto os perfeitos operários que nela excelem. Suprimi de um só golpe toda a poesia em versos, será mais expeditivo; senão, falai com estima daqueles que lhes possuíram os segredos. Boileau estava neste pequeno número; Pope também.

Não se poderia dizer melhor nem com mais justeza. Quando se trata de um poeta, a feitura de seus versos é coisa considerável e merece ser estudada, pois constitui uma grande parte de seu valor intrínseco. É com esse cunho que imprime o seu ouro, a sua prata ou o seu cobre. O verso de Baudelaire, que aceita as principais melhorias e reformas românticas, tais como a rima rica, a mobilidade facultativa da cesura, o encadeamento, o *enjambement*, o emprego do termo próprio ou técnico, o ritmo firme e pleno, o escoar-se num só jato do grande alexandrino, todo o erudito mecanismo de prosódia e de cesura na estância e na estrofe tem, entretanto, a sua arquitetura particular, suas fórmulas individuais, sua estrutura reconhecível, seus segredos de ofício, seu manuseio próprio, se assim se pode exprimir, e sua marca C. B. que se encontra sempre aplicada numa rima ou num hemistíquio.

Baudelaire emprega com frequência o verso de doze pés e de oito pés. São as fôrmas em que o seu pensamento se molda preferencialmente. Os poemas com rimas emparelhadas são menos numerosos em sua obra do que aqueles que se dividem em quartetos ou em estâncias. Ele gosta do harmonioso entrecruzamento das rimas que evita o eco da nota tocada antes, e apresenta ao ouvido um som naturalmente imprevisto, que se completará mais tarde como o do primeiro verso, causando essa satisfação que, em música, é propiciada pelo acorde perfeito. Toma cuidado para que a rima final seja plena, sonora e sustentada pela consoante de apoio, para dar-lhe essa vibração que prolonga a última nota percutida.

Entre os seus poemas, muitos existem que possuem a disposição aparente e como que o desenho exterior do soneto, embora a palavra "soneto" jamais encabece nenhum deles. Isso provém certamente de um escrúpulo literário e de um caso de consciência prosódico, cuja origem parece-nos estar no relato em que conta nossa conversa em visita que nos fez. Não se deve esquecer que ele vinha trazer-nos um volume de versos feito por dois amigos ausentes, que se encarregara de apresentar, e encontramos estas linhas em seu relato: "Após ter folheado rapidamente o volume, fez-me observar que os poetas em questão permitiam-se, com demasiada frequência, sonetos *libertinos*, isto é, não ortodoxos, e dispensavam facilmente a regra da quádrupla rima". Nessa época já a maior parte das *Flores do Mal* estava composta e comportava um número bastante grande de sonetos *libertinos,* que não só não possuíam a quádrupla rima, mas ainda as tinha dispostas de maneira absolutamente irregular; com efeito, no soneto ortodoxo, como o fizeram Petrarca, Feliciaia, Ronsard, du Bellay, Sainte-Beuve, o interior do quarteto deve conter duas rimas emparelhadas, femininas ou masculinas à escolha do poeta, o que distingue o quarteto do soneto do quarteto comum e exige, segundo as rimas exteriores forneçam uma sílaba final átona ou tônica, o andamento e a disposição das rimas nos dois tercetos que finalizam esse pequeno poema, cujo êxito é menos difícil de obter do que supõe Boileau, precisamente porque possui uma forma geometricamente fixada, da mesma maneira que, nos tetos, os compartimentos poligonais ou de contornos extravagantes ajudam mais do que atrapalham os pintores, determinando-lhes o espaço em que devem enquadrar e fazer caber as figuras. Não é raro acontecer, pelo encurtamento e engenhosa disposição das linhas, que se aloje um gigante num desses caixões estreitos; com isso a obra ganha por sua concentração mesma. Assim um grande pensamento pode mover-se à vontade nesses catorze versos metodicamente distribuídos.

A nova escola permite um grande número de sonetos *libertinos* e, confessamos, isso nos desagrada particularmente. Por que, se se quer ficar livre e dispor as rimas a seu bel-prazer, ir escolher uma forma rigorosa que não admite nenhum desvio, nenhum capricho? O irregular no regular, a falta de correspondência na simetria, que há de mais ilógico e de mais contrariante? Cada infração à regra nos inquieta como uma nota duvidosa ou falsa. O soneto é uma espécie de fuga poética cujo tema deve passar e repassar até a sua resolução nas formas desejadas. É, pois, absolutamente necessário submeter-se às suas leis, ou então, caso se ache que essas leis são obsoletas, pedantescas e incômodas, nunca fazer sonetos. Os italianos e os poetas da Pléiade[5] são os mestres que devem ser consultados sobre esse gênero; também não seria inútil ler o livro em que Guillaume Colletet trata do soneto *ex professo*. Pode-se dizer que esgotou a matéria. Mas o que se disse basta sobre os sonetos libertinos que, por primeiro, Ménard colocou em destaque. Quanto aos sonetos duplos, em mosaico, septenário, com apêndice, estrambóticos, retrógrados, por repetição, reversos, acrósticos, mesósticos, em losango, em cruz de Santo André e outros, são exercícios de pedantes cujos padrões podem ser vistos em Rabanus Maurus, em *O Apolo espanhol e italiano* e no tratado específico feito por Antônio Tempo,

---

[5] Grupo de poetas franceses do século XVI a que pertenciam Pierre Ronsard e Joachim du Bellay. (N. do T.)

mas que se devem desdenhar como dificuldades laboriosamente pueris e como os quebra-cabeças chineses da poesia.

Baudelaire busca com frequência o efeito musical mediante um ou vários versos particularmente melodiosos que funcionam como ritornelo e reaparecem alternadamente, como naquela estrofe italiana chamada *sextina* de que o Conde de Gramont oferece em suas poesias vários exemplos felizes. Aplica essa forma, que tem o balanço vago de uma encantação mágica meio ouvida num sonho, com assuntos de melancólica lembrança e de amor infeliz. As estâncias com ruídos monótonos levam e trazem o pensamento embalando-o como as vagas rolam em suas volutas regulares uma flor encharcada que caiu da margem. Como Longfellow e Edgar Poe, ele por vezes emprega a aliteração, isto é, o retorno determinado de certa consoante para produzir no interior do verso um efeito de harmonia. Sainte-Beuve, que não desconhece nenhuma dessas delicadezas, e que as pratica com sua arte deliciosa, dissera já em um soneto de suavidade fluida e bem italiana:

Sorrente m'a rendu mon doux rêve infini.[6]

Qualquer ouvido sensível compreende o encanto dessa líquida que aparece quatro vezes[7] e que parece carregar o leitor sobre uma vaga para o infinito do sonho como uma pluma de gaivota sobre a onda azul do mar napolitano. Encontram-se numerosas aliterações na prosa de Beaumarchais, e os Scaldes faziam delas uso frequente. Essas minúcias parecerão bastante frívolas para os homens utilitários, progressistas e práticos ou simplesmente de espírito que pensam, como Stendhal, que o verso é uma forma infantil, boa para as idades primitivas, e postulam que a poesia seja escrita em prosa, como convém a uma época racional. Mas são esses pormenores que tornam os versos bons ou maus, e fazem com que se seja ou não poeta.

As palavras polissilábicas e amplas agradam a Baudelaire e, com três ou quatro dessas palavras, ele muitas vezes faz versos

---

[6] Sorrento devolveu-me o suave sonho infindo. (A nossa tradução não mantém a aliteração em "r", mas cria outra em "s".) (N. do T.)

[7] Na verdade, do ponto de vista fônico (para o "ouvido sensível", como diz o texto), a líquida "r" só aparece três vezes, e não quatro, pois a consoante dupla de So*rr*ento é apenas gráfica (só perceptíveis, em francês, pelos "olhos", mas não pelo "ouvido"), já que corresponde a um só fonema "r". (N. do T.)

que parecem imensos e cujo som vibrante prolonga a métrica. Para o poeta, as palavras têm, em si mesmas e independentemente do sentido que exprimem, uma beleza e um valor próprios como pedras preciosas que ainda não estão lapidadas e montadas em pulseiras, em colares, em anéis: encantam o conhecedor que as olha e as escolhe com o dedo na pequena taça onde estão colocadas em reserva, como faria um ourives meditando uma joia. Existem palavras diamante, safira, rubis, esmeralda, outras que luzem como fósforo quando esfregadas, e não é trabalho simples escolhê-las.

Aqueles grandes alexandrinos de que falávamos há pouco, que vêm, em tempo de calmaria, morrer na praia com a tranquila e profunda ondulação da marola, quebram-se por vezes em louca espuma e lançam alto suas fumaças brancas contra algum recife cenhoso e feroz para recair em seguida em chuva amarga. Os versos de oito pés são bruscos, violentos, cortantes como as correias do látego e lanham rudemente as costas da má consciência e da transação hipócrita. Prestam-se também a mostrar fúnebres caprichos; o autor enquadra nesse metro, como numa moldura de madeira preta, vistas noturnas de cemitério onde brilham na sombra as pupilas nictalopes das corujas e, por trás da cortina verde-bronze dos teixos, deslizam, a passos de espectro, os gatunos do nada, os devastadores das tumbas e os ladrões de cadáveres. Em versos de oito pés também, ele pinta os *céus* sinistros onde rola acima dos patíbulos uma lua tornada doente pelos encantamentos das Canídias, descreve o frio tédio da morta que trocou por um esquife o seu leito de luxúria e que sonha na solidão, abandonada até pelos vermes, estremecendo à gota de chuva gelada, que poreja através das tábuas do ataúde, ou nos mostra, com sua desordem significativa de ramalhetes murchos, velhas letras de fitas e miniaturas misturadas com pistolas, punhais e frascos de láudano, o quarto do covarde amante a que visita desdenhosamente, em seus passeios, o espectro irônico do suicida, pois nem a morte pode curar a sua paixão infame.

Da feitura dos versos, passemos à trama do estilo. Baudelaire mescla aí fios de seda e de ouro com fios de cânhamo rudes e fortes, como nesses tecidos do Oriente a uma só vez esplêndidos e grosseiros em que os mais delicados ornatos ladeiam com encantadores caprichos sobre um rude pelo de camelo ou uma trama áspera ao toque como a vela de uma barca. Os rebuscamentos mais elegantes, mais preciosos mesmo, chocam com brutalidades selvagens; e, do toucador de perfumes inebriantes, de colóquios voluptuosamente langorosos, cai-se no cabaré ignóbil onde os bêbados, misturando o vinho e o sangue, brigam a facadas por alguma Helena de esquina.

Flores do Mal é o mais belo florão da coroa poética de Baudelaire. Aí, deu a sua nota original e mostrou que se podia, depois desse número incalculável de volumes de versos em que todas as variedades de assuntos pareciam esgotadas, colocar em foco algo de novo e inesperado, sem ter precisado, para isso, ir buscar o sol e as estrelas, e fazer desfilar a história universal como num afresco alemão. Mas o que deu celebridade ao seu nome foi principalmente a tradução de Edgar Poe; pois, na França, dos poetas só se lê a prosa, e são os folhetins que divulgam os poemas. Baudelaire naturalizou entre nós esse gênio singular de uma individualidade tão rara, tão à parte, tão excepcional, que a princípio mais escandalizou do que encantou a América, não que sua obra choque a moral no que quer que seja – é, ao contrário, de uma castidade virginal e seráfica – mas porque perturbava todas as ideias recebidas, todas as banalidades práticas e não havia lá critério para julgá-la. Edgar Poe não partilhava nenhuma das ideias americanas sobre o progresso, a perfectibilidade, as instituições democráticas e outros temas de declamação caros aos filisteus dos dois mundos. Não adorava com exclusividade o deus dólar; gostava da poesia por ela mesma e preferia o belo ao útil: heresia enorme! Além disso, tinha a infelicidade de escrever bem, o que tem o dom de horripilar os tolos de todos os países. Um diretor sério de revista ou de jornal, amigo de Poe aliás e bem intencionado, confessa que era difícil empregá-lo e que se era obrigado a pagar-lhe menos do que a outros porque escrevia num estilo muito acima do vulgar; admirável razão! O biógrafo do autor de "O corvo" e de *Eureca* diz que Edgar Poe, se este quisesse regularizar seu gênio e aplicar suas faculdades criativas de maneira mais apropriada ao solo americano, poderia ter-se tornado um autor de dinheiro (*a money making author*); mas ele era indisciplinável, queria fazer tudo pela própria cabeça e só produzia quando queria, sobre assuntos que lhe convinham. Seu humor vagabundo fazia-o rolar como um cometa desorbitado de Baltimore a

Nova York e de Nova York a Filadélfia, de Filadélfia a Boston, ou a Richmond, sem poder fixar-se em parte alguma. Em seus momentos de tédio, de infortúnio ou de desânimo, quando à superexcitação causada por algum trabalho febril sucedia esse abatimento bem conhecido dos literatos, ele bebia aguardente, defeito que lhe foi amargamente censurado pelos americanos, modelos de temperança, como todos sabem. Não se enganava sobre os efeitos desastrosos desse vício aquele que escreveu, em "O gato preto", esta frase fatídica: "Que doença é comparável ao álcool!" Bebia sem embriaguez alguma, para esquecer, para encontrar-se, talvez, num ambiente de alucinação favorável à sua obra, ou mesmo para acabar com uma vida intolerável evitando o escândalo de um suicídio formal. Em suma, um dia, atacado na rua por um acesso de *delirium tremens*, foi levado para o hospital e ali morreu bem jovem ainda e nada em suas faculdades anunciava um enfraquecimento, pois o seu deplorável hábito não havia influenciado em nada seu talento nem em suas maneiras, que continuaram sempre as de um perfeito fidalgo, nem na sua beleza, notável até o fim.

Indicamos em traços rápidos a fisionomia de Edgar Poe, embora não nos caiba escrever-lhe a vida; mas o autor americano ocupou na existência intelectual de Baudelaire um lugar bastante grande para que seja indispensável falar dele aqui de maneira um tanto desenvolvida, senão sob o aspecto biográfico, pelo menos do ponto de vista das doutrinas. Edgar Poe certamente influenciou Baudelaire, seu tradutor, principalmente na última parte da vida, infelizmente tão curta, do poeta.

As *Histórias extraordinárias,* as *Aventuras de Arthur Gordon Pym,* as *Histórias sérias e grotescas* e *Eureca* foram traduzidas por Baudelaire com uma identificação tão exata de estilo e de pensamento, uma liberdade tão fiel e tão maleável, que as traduções produzem o efeito de obras originais e têm destas a perfeição genial. As *Histórias extraordinárias* vêm precedidas de trechos de alta crítica em que o tradutor analisa como poeta o talento tão excêntrico e tão novo de Edgar Poe, que a França, com sua perfeita despreocupação com relação às originalidades estrangeiras, ignorava profundamente antes que Baudelaire lho tivesse revelado. Coloca nesse trabalho, necessário para explicar uma natureza tão fora das ideias vulgares, uma sagacidade metafísica pouco comum e uma rara finura de apanhados. Tais páginas podem contar-se entre as mais notáveis que escreveu.

A curiosidade foi superexcitada ao mais alto grau por essas misteriosas histórias matematicamente fantásticas, que se deduzem com fórmulas algébricas, e cujas exposições se parecem com inquéritos judiciais conduzidos pelo mais perspicaz e mais sutil magistrado. "O assassinato da rua Morgue", "A carta roubada", "O escaravelho de ouro", esses enigmas mais difíceis de adivinhar do que os da esfinge e cuja palavra chega no fim de maneira tão plausível, interessaram até o delírio ao público entediado com os romances de aventuras e de costumes. As pessoas se apaixonaram por esse Auguste Dupin de uma lucidez divinatória tão estranha, que parece ter nas mãos o fio que liga uns aos outros os pensamentos mais opostos, e que chega a um fim por induções de uma precisão tão maravilhosa. Admiraram esse Legrand, ainda mais hábil em decifrar criptogramas do que Claude Jacquet, funcionário do ministério, que lê para Desmarets, na história dos *Treze*, com a velha *tabela* da embaixada de Portugal, a carta cifrada de Ferragus, e o resultado dessa leitura é a descoberta dos tesouros do Capitão Kid! Cada qual confessou que por mais que vissem renascer ao clarão da chama, em traços vermelhos, no pergaminho amarelado, a caveira e o cabrito montês, e as linhas de pontos, de cruzes, de vírgulas e de algarismos, nunca teria adivinhado onde o corsário tinha enterrado aquele grande cofre cheio de diamantes, de joias, de relógios, de correntes de ouro, de onças, de quádruplos, de dobrões, de *risdales*, de piastras e de moedas de todos os países, que recompensam a sagacidade de Legrand. "O poço" e "O pêndulo" causaram sufocação de terror igual às mais negras invenções de Ana Radcliffe, de Lewis e do reverendo Padre Mathurin, e teve-se vertigem ao olhar no fundo desse abismo giratório de Maaelstrom, colossal funil em cujos flancos os navios correm em espiral como argueiros de palha num turbilhão. "A verdade sobre o caso do Sr. Waldemar" abalou os nervos mais robustos, e "A queda da casa de Usher" inspirou profundas melancolias. As almas ternas ficaram particularmente sensibilizadas com essas figuras de mulher, tão vaporosas, tão transparentes, tão romanescamente pálidas e de uma beleza quase espectral, a quem o poeta chama Morella, Ligeia, lady Rowena Trevanion, de Tremaine, Eleonor, mas que não são mais que a encarnação sob todas as formas de um único amor sobrevivente à morte do ser adorado, e que continua através das reencarnações sempre descobertas.

Daí por diante, na França, o nome de Baudelaire é inseparável do nome de Edgar Poe, e a lembrança de um desperta imediatamente o pensamento do outro. Parece até, às vezes, que as ideias do americano pertencem ao francês.

Baudelaire, como a maioria dos poetas deste tempo, em que as artes, menos separadas do que estavam antigamente, avizinham-se umas das outras e se entregam a frequentes transposições, tinha o gosto, o sentimento e o conhecimento da pintura. Escreveu notáveis artigos de Salão e, entre outros, brochuras sobre Delacroix, que analisam, com uma penetração e uma sutileza extremas, a natureza de artista do grande pintor romântico. Ele tem essa preocupação, e encontramos nas reflexões sobre Edgar Poe esta frase significativa: "Como o nosso Eugène Delacroix, que elevou a sua arte à altura da grande poesia, Edgard Poe gosta de agitar as suas figuras sobre grandes fundos violáceos e esverdeados, em que se revelam a fosforescência da podridão e o cheiro da tormenta". Que sentimento justo nessa simples frase incidente da cor apaixonada e febril do pintor! Delacroix, de fato, devia encantar Baudelaire pela própria *doença* de seu talento conturbado; tão inquieto, tão nervoso, tão inquiridor, tão exasperado, tão *paroxista* – permitam-me essa palavra, única que exprime bem nossa ideia – e tão atormentado com as doenças, melancolias, ardores febris, esforços convulsivos e com os vagos sonhos da época moderna.

Por um instante, a escola realista achou que podia apossar-se de Baudelaire. Alguns quadros das *Flores do Mal*, de uma veracidade ultrajantemente crua e nos quais o poeta não recuara diante de nenhuma fealdade, podiam fazer espíritos superficiais acreditar que ele pendia para essa doutrina. Não se prestava atenção em que esses quadros, aparentemente reais, eram sempre realçados pelo caráter, o efeito ou a cor e, aliás, serviam de contraste a pinturas ideais e suaves. Baudelaire deixou-se levar um pouco por essas solicitações, visitou ateliês realistas e deve ter feito sobre Courbet, o mestre pintor de Ornans, um artigo que nunca veio a lume. Entretanto, num desses últimos Salões, Fantin, naquele quadro estranho em que reúne em torno do medalhão de Eugène Delacroix, como parceiros de uma apoteose, o cenáculo dos pintores e dos escritores ditos realistas, colocou num canto Charles Baudelaire, com seu olhar sério e seu sorriso irônico. Por certo, Baudelaire, como admirador de Delacroix, tinha mesmo direito de estar ali. Mas fazia ele parte, intelectual e simpaticamente, desse grupo, cujas tendências não deviam concordar com os seus gostos aristocráticos e com suas aspirações ao belo? Nele, como já especificamos, o uso do feio trivial e natural não era mais que uma espécie de manifestação e de protesto do horror, e duvidamos que a *Vênus* capitonê de Courbet, horrorosa maritornes calipígia, jamais tenha tido grandes encantos para ele, amante das elegâncias raras, dos maneirismos refinados e dos coquetismos eruditos. Não que não fosse capaz de admirar a beleza grandiosa; quem escreveu "Le Géante" [A giganta] devia amar a *Aurora* e a *Noite*, esses magníficos colossos femininos que Michelangelo coloca na voluta do túmulo dos Médicis com contornos tão soberbos. Ele tinha, além do mais, uma filosofia e uma metafísica que não podiam deixar de afastá-lo dessa escola, à qual não se deve, sob pretexto algum, ligá-lo.

Longe de se comprazer no real, buscava curiosamente o estranho e, quando encontrava algum tipo singular, original, seguia-o, estudava-o, tentava encontrar a ponta do fio da meada e desenrolá-lo até o fim. Assim apaixonara-se por Guys, personagem misteriosa, que tinha como função ir a todos os recantos do universo onde se desse algum evento para desenhar croquis para os jornais ilustrados ingleses.

Esse Guys, que conhecemos, era ao mesmo tempo um grande viajante, um observador profundo e rápido, e um perfeito *humorista*; num lance de olhos, captava os lados característicos dos homens e das coisas; com uns poucos riscos a lápis, recortava-lhes as silhuetas em seu álbum, fixava à tinta esse traço cursivo como a estenografia e passava ousadamente uma tinta lavada para indicar a cor.

Guys não era o que geralmente se chama de artista, mas tinha o dom particular de pegar em poucos minutos a característica das coisas. Num lance de olhos, com clarividência sem igual, deslindava do todo o traço característico – e só este – e o punha em destaque, negligenciando instintivamente ou de propósito as partes complementares. Ninguém melhor do que ele apontava uma atitude, um contorno, umas *cadeiras* – para usar uma palavra popular que traduz exatamente nossa ideia – que se trate de um dândi ou de um malandro, de uma grande dama ou de uma moça do povo. Possuía em raro grau o senso das corrupções modernas no topo como na parte baixa da sociedade, e colhia, também ele, sob forma de croquis, o seu buquê de flores do mal. Ninguém estampava como ele a magreza elegante e o brilho acaju de um cavalo de corridas, e sabia tão bem fazer pender a saia de uma pequena dama para fora de uma charretinha puxada por pôneis como estabelecer um cocheiro de casa importante, empoado e vestido de peles, na enorme boleia de um grande cupê com oito molas e painéis guarnecidos de brasões, partindo para o *drawing-room* da Rainha com seus três lacaios suspensos às alças de passamanaria. Ele parece ter sido, nesse desenho espiritual, *fashionable* e cursivo, consagrado às cenas de *high life*, precursor dos inteligentes artistas da *Vie parisienne*, Marcelin, Grafty, de uma modernidade tão a par e tão penetrante. Mas, se Guys exprimia, para ser aprovado por um Brummel, o alto dandismo e as grandes posturas aristocráticas da *duckery*, extremava-se não menos em retratar em suas loucas toaletes e desenvoltura provocante as ninfas venais de Piccadilly-saloon e de Argail-room, e nem mesmo temia enveredar-se pelos *lanes* desertos e ali rabiscar, à luz do luar ou ao clarão atormentado de um bico de gás, a silhueta de um desses espectros do prazer que vagam pelas calçadas de Londres e, se se encontrasse em Paris, perseguiria até os covis descritos por Eugène Sue, as modas exacerbadas do lugar suspeito e aquilo a que se poderia chamar de coquetismo da sarjeta. Entendeis que Guys só procurava aí a *caracterização*. Era a sua paixão e resgatava com uma certeza espantosa o lado pitoresco e singular dos tipos, dos jeitos e dos costumes de nossa época. Um talento dessa natureza não podia deixar de encantar Baudelaire que, de fato, tinha grande consideração por Guys. Possuíamos uns sessenta desenhos, esboços, aquarelas desse humorista do lápis, e demos alguns ao poeta. Tal presente lhe deu um vivo prazer e ele o levou com muita alegria.

 Certamente ele sabia tudo que faltava a esses rápidos esboços, aos quais o próprio Guys não ligava mais nenhuma importância a partir do momento em que tinham sido transferidos para a madeira pelos hábeis desenhistas do *Illustred London News*; mas ficava impressionado com esse espírito, essa clarividência e esse poder de observação, qualidades todas literárias traduzidas por um meio gráfico. Gostava, nesses desenhos, da ausência completa de antiguidade, isto é, de tradição clássica, e do sentimento profundo daquilo a que chamaremos *decadência*, na falta de uma palavra que se adapte melhor à nossa ideia; mas sabe-se o que Baudelaire entendia por decadência. Não diz ele em algum lugar a propósito dessas distinções literárias:

> Parece-me que duas mulheres são-me apresentadas: uma, matrona rústica, repugnante de saúde e de virtude, sem porte e sem olhar; em suma, *nada devendo senão à simples natureza*; a outra, uma dessas belezas que dominam e oprimem a lembrança, unindo ao encanto profundo e original a eloquência da toalete, dona de sua postura, consciente e rainha de si mesma, uma voz falando como um instrumento bem afinado, e olhares carregados de pensamento e só deixando passar o que querem. Minha escolha não pode ser duvidosa, e no entanto há esfinges pedagógicas que me recriminariam por faltar com a honra clássica.

Essa compreensão tão original da beleza moderna inverte a questão, pois olha como primitiva, grosseira e bárbara a beleza antiga, opinião paradoxal por certo, mas que se pode muito bem sustentar. Balzac preferia em muito, à Vênus de Milo, uma parisiense elegante, fina, coquete, moldada em seu longo *cashemire* com um movimento de cotovelos, indo com passo furtivo a algum encontro, com o veuzinho de Chantilly caído sobre o nariz, inclinando a cabeça de maneira a mostrar, entre a fita do chapéu e a última prega do xale, uma dessas nucas com tom de marfim onde se enrolam graciosamente na luz dois ou três cachinhos de cabelos esvoaçantes. Bem que essas coisas têm seu encanto, embora, por nosso gosto, prefiramos a Vênus de Milo; mas isso provém de que, em consequência da nossa educação e de um sentir particular, somos mais plástico do que literário.

Percebe-se que, com essas ideias, Baudelaire tenha pendido durante algum tempo para a escola realista de que Courbet foi o deus e Manet o sumo sacerdote. Mas se certos aspectos de sua natureza podiam satisfazer-se com a representação direta e não tradicional da feiura ou pelo menos da trivialidade contemporânea, suas aspirações de arte, de elegância, de luxo e de beleza arrastavam-no para uma esfera superior, e Delacroix com sua paixão febril, sua cor tempestuosa, sua melancolia poética, sua paleta de sol poente e sua prática culta de artista da decadência foi e permaneceu o seu mestre de eleição.

Eis-nos chegado a uma obra singular de Baudelaire, meio traduzida, meio original, intitulada *Os paraísos artificiais, ópio e haxixe*, e sobre a qual convém deter-se, pois não foi pequena a sua contribuição, em meio ao público, sempre feliz de aceitar como verdadeiros os boatos desfavoráveis aos literatos, para espalhar a opinião de que o autor das *Flores do Mal* tinha por hábito procurar a inspiração nos excitantes. Sua morte, advinda na sequência de uma paralisia que o reduzia à impotência de comunicar o pensamento sempre ativo e vivo no fundo do cérebro, não fez mais que confirmar essa crença. Essa paralisia, dizia-se, vinha sem dúvida dos excessos de haxixe ou de ópio a que o poeta se tinha entregado, a princípio por singularidade, em seguida pela atração fatal que exercem as drogas funestas. Sua doença outra causa não teve senão as fadigas, os aborrecimentos, as tristezas e os embaraços de toda espécie, inerentes à vida literária para todos aqueles cujo talento não se presta a um trabalho regular e de ritmo fácil, como o do jornal, por exemplo, e cujas obras espantam, por sua originalidade, os tímidos diretores de revistas. Baudelaire era sóbrio como todos os trabalhadores e, admitindo muito embora que o gosto de criar para si um *paraíso artificial* por meio de um excitante qualquer, ópio, haxixe, vinho, álcool ou tabaco, parece pertencer à própria natureza do homem pois que se pode encontrá-lo em todas as épocas, em todos os países, nas barbáries como nas civilizações e até no estado selvagem, ele via nisso uma prova da perversidade original, uma tentativa ímpia de escapar à dor *necessária*, uma pura sugestão satânica para usurpar, desde já, a felicidade reservada mais tarde como recompensa à resignação, à vontade, à virtude, ao esforço persistente para o bem e o belo. Ele pensava que o diabo dizia aos comedores de haxixe e aos bebedores de ópio, como outrora a nossos primeiros pais: "Se provardes deste fruto, sereis como deuses", e que não cumpria a palavra como não cumpriu com Adão e Eva; pois, no dia seguinte, o deus, enfraquecido, enervado, desceu abaixo do bicho e permanece isolado num vazio imenso, não tendo outro recurso para escapar de si mesmo que não seja recorrer ao seu veneno, cuja dose deve aumentar gradualmente. Que haja experimentado haxixe uma ou duas vezes como experiência fisiológica, é possível e até provável, mas não fez da droga um uso contínuo. Essa felicidade comprada na farmácia, e que se carrega no bolso do colete, repugnava-lhe, aliás, e ele comparava o êxtase que produz à de um maníaco para quem telas pintadas e cenários grotescos substituiriam verdadeiros móveis e jardins perfumados de flores reais. Raramente foi, e como simples observador, às sessões do Hôtel Pimodan, onde o nosso grupo se reunia para tomar *dawamesk*, sessões que já descrevemos anteriormente na *Revue des Deux Mondes*, sob o seguinte título: "Le Club des haschichins" [O clube dos haxixeiros], mesclando a narrativa de nossas próprias alucinações. Depois de umas dez experiências, renunciamos para sempre a essa droga inebriante, não que ela nos tivesse feito mal fisicamente, mas o verdadeiro literato precisa apenas de seus sonhos naturais, e não gosta que o seu pensamento receba a influência de um agente qualquer.

Balzac esteve numa dessas sessões, e Baudelaire conta assim a visita do romancista:

> Balzac julgava que sem dúvida não existe maior vergonha nem sofrimento mais vivo do que a abdicação da vontade. Vi-o uma vez, numa reunião em que se tratava dos prodigiosos efeitos do haxixe. Ele escutava e perguntava com atenção e vivacidade engraçadas. As pessoas que o conheceram adivinham que ele devia estar interessado. Mas a ideia de pensar independentemente de sua vontade o chocava muito: apresentaram-lhe *dawamesk*, ele examinou, cheirou, e devolveu sem tocar nele. A luta entre a sua curiosidade quase infantil e a repugnância pela abdicação se traía no seu rosto expressivo de maneira contundente, o amor pela dignidade venceu. De fato, é difícil imaginar o teórico da *vontade*, o gêmeo espiritual de Louis Lambert consentindo em perder uma parcela dessa preciosa *substância*.

Estávamos, naquela noite, no Hôtel Pimodan, e podemos atestar a perfeita exatidão desse curto relato. Somente acrescentaremos a ele este pormenor característico: ao devolver a colher de *dawamesk* que lhe ofereciam, Balzac disse que a tentativa era inútil, e que o haxixe, tinha plena certeza, não teria qualquer efeito sobre o seu cérebro.

Era possível, aquele cérebro poderoso onde se entronizava a vontade, fortificado pelo estudo, saturado dos aromas sutis do moca, e que três garrafas do mais capitoso vinho de Vouvray não obscurecia com a menor fumaça, teria sido capaz, talvez, de resistir à intoxicação passageira do cânhamo indiano. Pois o haxixe, ou *dawamesk*, esquecemos de dizê-lo, não é mais que uma decocção de *cannabis indica*, misturada com um corpo graxo, mel e pistácios, para dar-lhe a consistência de uma pasta ou geleia.

A monografia do haxixe está, do ponto de vista médico, muito bem feita nos *Paraísos artificiais*, e a ciência poderia tirar daí ensinamentos precisos, pois Baudelaire fazia questão de uma escrupulosa exatidão, e por nada deste mundo teria introduzido o menor ornamento poético nesse assunto que por si só já se prestava a isso. Especifica perfeitamente bem o caráter próprio das alucinações do haxixe, que não cria nada, mas desenvolve apenas a disposição particular do indivíduo exagerando-a até o limite da potência. O que se vê é a si mesmo aumentado, sensibilizado, excitado desmedidamente, fora do tempo e do espaço cuja noção desaparece, num ambiente a princípio real, mas que logo se deforma, se acentua, se exagera e onde cada pormenor, de intensidade extrema, toma uma importância sobrenatural, mas facilmente compreensível para o comedor de haxixe que adivinha correspondências misteriosas entre essas imagens muitas vezes disparatadas. Se ouvis alguma dessas músicas que parecem executadas por uma orquestra celeste e coros de serafins, e perto das quais as sinfonias de Haydn, de Mozart e de Beethoven não passam de zoeiras, acreditai que uma mão roçou o teclado do piano com algum vago prelúdio, ou que um órgão distante murmura no rumor da rua um trecho *conhecido* de ópera. Se os vossos olhos ficam ofuscados por cambiantes, cintilações, irradiações e fogos de artifício de luz, seguramente certo número de velas deve queimar nas tocheiras e nos candelabros. Quando a muralha, deixando de ser opaca, desmorona em perspectiva vaporosa, profunda, azulada como uma janela aberta para o infinito, é que um espelho rebrilha na frente do sonhador com suas sombras difusas mescladas de transparências fantásticas. As ninfas, as deusas, as aparições graciosas, burlescas ou terríveis, vêm dos quadros, das tapeçarias, das estátuas que expõem a sua nudez mitológica nos nichos, ou dos calungas careteiros sobre as prateleiras.

O mesmo acontece com os êxtases olfativos que vos transportam para paraísos de perfumes onde flores maravilhosas, balouçando suas urnas como turíbulos, vos enviam aromas, odores desconhecidos de uma sutileza penetrante, trazendo recordações de vidas anteriores, de praias balsâmicas e longínquas e de amores primitivos em algum O'Taiti do sonho. Não é necessário procurar muito longe para encontrar no quarto um vaso de heliotrópio ou de tuberosa, uma almofadinha de couro de Espanha[8] ou um xale de *cachemire* impregnado de patchuli negligentemente lançado sobre uma poltrona.

Compreende-se pois que, caso se queira gozar plenamente das magias do haxixe, é preciso prepará-las com antecedência e fornecer, de algum modo, os motivos para suas variações extravagantes e fantasias desordenadas. Importa estar em boa disposição de espírito e de corpo, não ter nesse dia nem preocupação, nem obrigação, nem hora marcada, e encontrar-se num desses apartamentos de que Baudelaire gostava e que Edgar Poe, em suas descrições, mobilia com conforto poético, luxo bizarro e elegância misteriosa; retiro apartado e escondido de todos, que parece esperar a alma amada, a ideal figura feminina, aquela que em sua nobre linguagem Chateaubriand chamava de *sílfide*. Em tais condições, é provável, quase certo mesmo, que as sensações naturalmente agradáveis se transformarão em beatitudes, arroubos, êxtases, volúpias indizíveis e bem superiores às alegrias grosseiras prometidas aos crentes por Maomé em seu paraíso muito parecido com um harém. As huris verdes, vermelhas e brancas a sair da pérola em que habitam e oferecendo-se aos fiéis com sua virgindade sempre renascente, pareceriam vulgares *maritornes* comparadas às ninfas, aos anjos, às sílfides, vapores perfumados, transparências ideais, formas aéreas, de luz rosa e azul, destacando-se em claro sobre discos de sol e vindo do fundo do infinito com ímpetos estelares como os glóbulos de prata de um licor gasoso, do fundo de uma taça de cristal que quem toma haxixe vê passar em legiões inumeráveis no sonho que tem plenamente desperto.

Sem essas precauções, o êxtase pode muito bem virar pesadelo. As volúpias transformam-se em sofrimento, as alegrias em terrores; uma agonia terrível se agarra a vossa garganta, põe o

---

[8] *Peau* (ou *peaux*) *d'Espagne*, *peaux de senteur*, pele, couro bem curtido e perfumado (*Le Littré*). (N. do T.)

joelho sobre o estômago, esmaga com seu peso fantasticamente enorme, como se a esfinge das pirâmides ou o elefante do rei de Sião folgasse em vos achatar. Outras vezes, um frio glacial vos invade e vos faz subir o mármore até as ancas, como aquele rei das *Mil e uma noites* meio transformado em estátua e cujas costas ainda macias a sua mulher malvada vinha espancar todas as manhãs.

Baudelaire conta duas ou três alucinações de homens de caracteres diferentes, e uma outra experimentada por uma mulher naquele gabinete de espelhos recoberto por uma treliça dourada e engrinaldada de festões, que não é difícil reconhecer como sendo o toucador do Hôtel Pimodan, e acompanha cada visão com um comentário analítico e moral, onde transparece a sua repugnância invencível com relação a toda felicidade obtida por meios factícios. Ele destrói essa consideração do socorro que o gênio poderia retirar das ideias sugeridas pela embriaguez do haxixe. Primeiro, essas ideias não são tão belas como se imagina; seu encanto vem principalmente da extrema excitação nervosa em que se encontra o sujeito. Em seguida, o haxixe, que dá essas ideias, retira ao mesmo tempo o poder de se servir delas, pois aniquila a vontade e mergulha suas vítimas num tédio modorrento em que a mente se torna incapaz de qualquer esforço e de qualquer trabalho e de onde não pode sair a não ser pela ingestão de nova dose.

> Enfim, *acrescenta*, admitindo por alguns minutos a hipótese de uma índole de têmpera bastante forte, bastante vigorosa para resistir aos tristes efeitos da droga pérfida, há que se pensar em outro perigo, fatal, terrível, que está em se criarem hábitos. Aquele que recorre ao veneno *para* pensar logo não poderá mais pensar *sem* veneno. Imagine-se a sorte horrível de um homem cuja imaginação paralisada não pode mais funcionar sem o recurso ao haxixe e ao ópio!

E, pouco mais adiante, fazia profissão de fé nestes nobres termos:

> Mas o homem não está tão abandonado, tão desprovido de meios honestos para ganhar o céu, que seja obrigado a invocar a farmácia e a feitiçaria; não tem necessidade de vender a alma para pagar as carícias inebriantes e a amizade das huris. Que paraíso é esse que se compra ao preço da própria salvação eterna?

Segue a pintura de uma espécie de Olimpo colocado sobre o monte árduo da espiritualidade onde as musas de Rafael e de Montegna, sob a conduta de Apolo, cercam com o seu coro rítmico o artista dedicado ao culto do belo e o recompensam de seu longo esforço.

> Abaixo dele, *continua o autor*, ao pé da montanha, no meio das urzes e da lama, o grupo dos humanos, o bando dos hilotas, simula as caretas do gozo e solta urros que a mordida do veneno lhe arranca, e o poeta entristecido diz para si: "Esses infortunados que não jejuaram nem rezaram, e que recusaram a redenção pelo trabalho, pedem à negra magia os meios para elevar-se, de um só golpe, à existência sobrenatural. A magia os engana e acende para eles uma falsa felicidade e uma falsa luz; enquanto nós, poetas e filósofos, que regeneramos a nossa alma pelo trabalho sucessivo e pela contemplação, pelo exercício assíduo da vontade e pela nobreza permanente da intenção, criamos para nosso uso um jardim de verdadeira beleza. Confiantes na palavra que diz que a fé transporta montanhas, realizamos o único milagre para o qual Deus tenha dado licença".

Depois de tais palavras, é difícil acreditar que o autor das *Flores do Mal*, malgrado as suas tendências *satânicas*, tenha feito visitas frequentes aos paraísos artificiais.

Ao estudo sobre o haxixe sucede o estudo sobre o ópio, mas neste Baudelaire tinha como guia o livro singular e muito célebre na Inglaterra, *Confessions of English opium eater*, cujo autor é De Quincey, helenista destacado, escritor superior, homem de uma respeitabilidade completa, que ousou, com candura trágica, fazer, no país do mundo mais enrijecido pelo *cant*, a confissão de sua paixão pelo ópio, descrever essa paixão, representar-lhe as fases, as intermitências, as recaídas, os combates, os entusiasmos, os abatimentos, os êxtases e as fantasmagorias seguidas de inexprimíveis angústias. De Quincey, coisa quase inacreditável, atingiu, aumentando pouco a pouco a dose, a oito mil gotas por dia; o que não impediu que chegasse até idade muito normal de setenta e cinco anos, pois morreu no mês de dezembro de 1859 e por muito tempo deixou esperando os médicos a quem, num acesso de *humor*, tinha zombeteiramente legado, como curioso objeto de experiência científica, o seu corpo encharcado de ópio. O mau hábito não o impediu de publicar uma multidão de obras de literatura e de erudição onde nada anuncia a fatal influência daquilo a que ele próprio chama de *negro ídolo*. O desfecho do livro deixa subentender que, com esforços sobre-humanos, o autor tinha chegado finalmente a se corrigir; mas isso poderia muito bem não ser senão um sacrifício à moral e às conveniências, como a recompensa da virtude e a punição do crime no fim dos melodramas, sendo a impenitência final um mau exemplo. E De Quincey pretende que, depois de dezessete anos de uso e oito anos de abuso do ópio, pôde renunciar a essa perigosa substância! Não se deve desencorajar os *theriakis*[9] de boa vontade. Mas quanto amor nesta invocação ao pardo licor:

> Ó justo, sutil e poderoso ópio! Tu que, no coração do pobre como do rico, para as feridas que nunca cicatrizarão, para as angústias que induzem o espírito à rebelião, trazes um bálsamo de alívio; eloquente ópio, tu que por tua possante retórica desarmas as resoluções da raiva e que por uma noite devolves ao homem culpado as esperanças de sua juventude e antigas mãos puras de sangue; quem ao homem orgulhoso dá um olvido passageiro "das falhas não corrigidas e dos insultos não vingados!" Tu edificas sobre o seio das trevas, com os materiais imaginários do cérebro, com uma arte mais profunda do que a de Fídias e de Praxíteles, cidades e templos que ultrapassam em esplendores Babilônia ou Hecatômpilos e, do caos de um sono cheio de sonhos, evocas à luz do sol os rostos das beldades há muito sepultadas e as fisionomias familiares e benditas, limpas dos ultrajes da tumba. Só tu dás ao homem esses tesouros e possuis as chaves do paraíso, ó justo, sutil e poderoso ópio!

Baudelaire não traduz integralmente o livro de De Quincey. Destaca os trechos mais marcantes, que interliga por uma análise mesclada de digressões e de reflexões filosóficas, de maneira a formar um condensado que representa a obra inteira. Nada mais curioso do que os detalhes biográficos que abrem essas confissões e contam a fuga do escolar para subtrair-se à tirania dos tutores, sua vida errante, miserável, famélica através desse grande deserto de Londres, sua estada naquela casa transformada em pardieiro pela negligência do proprietário, sua ligação com a criadazinha meio idiota e Ann, uma pobre moça, triste violeta de rua, inocente e virginal até na prostituição, a recuperação das boas graças da família e a tomada de posse de uma fortuna bastante considerável para permitir-lhe que se entregasse aos

---

[9] Nome que se dá no Oriente aos consumidores de ópio.

estudos favoritos no fundo de um encantador *cottage* em companhia de uma nobre mulher que, Orestes do ópio, chama de sua Electra. Pois ele já pegara, em sequência a dores nevrálgicas, o hábito do veneno, impossível de erradicar, de que logo absorvia, sem resultados danosos, a enorme dose de quarenta grãos por dia. Há poucas poesias, mesmo em Byron, Coleridge e Shelley, que ultrapassem em magnificência estranha e grandiosa os sonhos de De Quincey. Às visões mais brilhantes iluminadas por clarões argênteos e azuis de paraíso ou de Elísio sucedem outras mais sombrias do que o Érebo e às quais se podem aplicar estes versos espantosos do poeta: "Era como se um grande pintor houvesse molhado seu pincel no negrume do tremor de terra e do eclipse."

De Quincey, que era humanista dos mais distintos e precoces – sabia grego e latim aos dez anos de idade – sempre teve muito prazer na leitura de Tito Lívio, e as palavras *consul romanus* ressoavam em seus ouvidos como uma fórmula mágica e peremptoriamente irresistível. Essas cinco sílabas explodiam em seus ouvidos com vibrações de trombetas soando fanfarras triunfais e, quando, no sonho, multidões inimigas lutavam num campo de batalha iluminado por lívido clarão com estertores e tropéis surdos, iguais ao ruído distante de grandes águas, de repente uma voz misteriosa gritava estas palavras que dominavam tudo: *Consul romanus*. Fazia-se grande silêncio, oprimido por expectativa ansiosa, e o cônsul aparecia, montado num cavalo branco, no meio do imenso formigueiro, como o Mário da *Batalha dos Cimbros*, de Decamps, e, com um gesto fatídico, decidia a vitória.

Outras vezes, personagens vislumbradas na realidade se misturavam aos seus sonhos e os assombravam como espectros obstinados que nenhuma fórmula é capaz de classificar. Num dia do ano de 1813, um malaio de tez amarela e biliosa, de olhos tristemente nostálgicos, vindo de Londres e procurando atingir algum porto, não sabendo aliás uma única palavra de nenhuma língua europeia, veio bater, para repousar um pouco, à porta do *cottage*. Não querendo embaraçar-se diante dos vizinhos, De Quincey falou com ele em grego; o asiático respondeu em malaio e a honra ficou salva. Depois de lhe dar algum dinheiro, o dono do *cottage*, com essa caridade que leva o fumante a oferecer um cigarro ao pobre diabo que supõe estar há muito tempo sem tabaco, presenteou o malaio com um grande pedaço de ópio, que o malaio engoliu num só bocado. Havia ali com que matar sete ou oito pessoas não habituadas; mas o homem de tez amarela tinha provavelmente o hábito do veneno, pois se foi dando provas de reconhecimento e de satisfação indizíveis. Nunca mais ele foi visto, pelo menos fisicamente, mas tornou-se um dos hóspedes mais assíduos das visões de De Quincey. O malaio de faces cor de açafrão e pupilas estranhamente negras era como uma espécie de gênio do extremo oriente, que tinha as chaves da Índia, do Japão, da China e de outros países jogados, com relação ao resto do globo, num afastamento quimérico e impossível. Como se obedece a um guia que não se chamou, mas que é preciso seguir por uma dessas fatalidades que o sonho admite, De Quincey, seguindo os passos do malaio, embrenhava-se em regiões de uma antiguidade fabulosa e de uma estranheza inexprimível que lhe causavam profundo terror.

> Não sei, *dizia ele em suas confissões*, se outras pessoas partilham comigo esses sentimentos a tal ponto, mas tenho pensado muitas vezes que, se fosse forçado a deixar a Inglaterra e a viver na China entre os modos, as maneiras e os cenários da vida chinesa, eu ficaria louco... Um jovem chinês me parece um ser antediluviano... Principalmente na China, excluindo o que ela tem em comum com toda a Ásia meridional, fico terrificado pelos modos de vida, pelos usos, por uma repugnância absoluta, por uma barreira de sentimentos que nos separam dela e são demasiado profundos para ser analisados; acharia mais cômodo viver com lunáticos ou com brutos.

Com maliciosa ironia, o malaio, que parecia compreender essa repugnância do comedor de ópio, cuidava em conduzi-lo dentro de cidades imensas, com torres de porcelana, com telhados curvados como tamancos e ornamentados com sininhos que tilintavam sem cessar, com rios carregados de juncos e atravessados por dragões esculpidos em forma de pontes, com ruas apinhadas de uma inumerável população de bonecos agitando suas cabecinhas cortadas por olhos oblíquos, agitando como ratos seus rabos buliçosos e murmurando, com mil cumprimentos, monossílabos reverentes.

A terceira e última parte dos *Sonhos de um comedor de ópio*, tem um título lamentável, que lhe cabe com justeza: *Suspira de profundis*. Numa dessas visões, aparecem três figuras inesquecíveis, misteriosamente terríveis, como as *Moiras* gregas e as *Mães* do segundo Fausto. São as acompanhantes de Levana, austera deusa que ergue o recém-nascido do chão e o aperfeiçoa pela dor. Como há três Graças, três Parcas, três Fúrias, como havia primitivamente três Musas, há três deusas da tristeza; elas são as nossas Nossa Senhora das Dores. A mais velha das três irmãs chama-se *Mater lacrymarum,* ou Nossa Senhora das Lágrimas; a segunda, *Mater suspirorum,* Nossa Senhora dos Suspiros; a terceira, *Mater Tenebrartum,* Nossa Senhora das Trevas, a mais temível de todas e na qual nem o mais firme espírito pode pensar sem um secreto horror. Esses espectros dolentes não falam a linguagem articulada dos mortais; choram, suspiram e fazem na sombra vaga gestos fatídicos. Exprimem assim as dores desconhecidas, as angústias sem nome, as sugestões do desespero solitário, tudo quanto há de sofrimento, de amargura e de dor no mais profundo da alma humana. O homem deve receber as lições dessas rudes iniciadoras;

> assim verá coisas que não deveriam ser vistas, os espetáculos que são abomináveis e os segredos que são indizíveis; assim lerá as antigas verdades, as tristes verdades, as grandes e terríveis verdades.

Sabe-se que Baudelaire não poupa a De Quincey as recriminações que dirige a todos aqueles que querem elevar-se ao sobrenatural por meios materiais; mas, em favor da *beleza* dos quadros que pinta o ilustre e poético sonhador, mostra por ele muita benevolência.

Por essa época, Baudelaire deixou Paris e foi plantar sua tenda em Bruxelas. Não se deve ver nessa viagem nenhuma ideia política, mas o desejo de uma vida mais tranquila e de um repouso apaziguador, longe das excitações da existência parisiense. Esse exílio não parece ter-lhe sido de proveito. Trabalhou pouco em Bruxelas e seus papéis contêm apenas anotações rápidas, sumárias, quase hieroglíficas, das quais só ele poderia tirar partido. Sua saúde, ao invés de se restabelecer, alterou-se, seja por já estar mais comprometida do que ele próprio pensava, seja por ser-lhe o clima desfavorável. Os primeiros sintomas do mal manifestaram-se por certa lentidão de fala e hesitação cada vez mais marcada na escolha das palavras; mas, como Baudelaire se exprimia muitas vezes de maneira solene e sentenciosa, apoiando sobre cada termo para dar-lhe mais importância, não se desconfiou desse embaraço de linguagem, pródromo da terrível doença que devia levá-lo e que logo se manifestou por um ataque brusco. O rumor da morte de Baudelaire espalhou-se em Paris com essa rapidez alada das más notícias que parecem correr mais depressa do que o fluido elétrico ao longo do fio. Baudelaire ainda estava vivo, mas a notícia, embora falsa, era apenas prematuramente verdadeira; ele não devia reerguer-se do golpe que o abatera. Trazido de Bruxelas pela família e por amigos, viveu ainda alguns meses, sem poder falar, sem poder escrever, pois a paralisia havia rompido a corrente que liga o pensamento à palavra. A ideia continuava vivendo nele, notava-se bem isso pela expressão dos olhos; mas estava prisioneira e muda, sem nenhum meio de comunicação com o exterior, nessa masmorra de argila que só devia abrir-se para o túmulo. De que adianta insistir nos detalhes desse triste fim? Não existe maneira boa de morrer, mas é doloroso, para os sobreviventes, ver partir tão cedo uma inteligência notável que por muito tempo ainda poderia dar frutos, e perder no caminho cada vez mais deserto da vida um companheiro de juventude.

Além das *Flores do Mal*, das traduções de Edgar Poe, dos *Paraísos artificiais*, dos salões ou de artigos de crítica, Charles Baudelaire deixa um livro de pequenos poemas em prosa inseridos em diversas épocas em jornais e revistas que logo se cansavam dessas delicadas obras-primas sem interesse para os vulgares leitores e forçavam o poeta, cuja nobre teimosia não se prestava a nenhuma concessão, a ir colocar a série seguinte num papel mais arrojado ou mais literário. Foi a primeira vez que essas peças, espalhadas um pouco por toda parte e quase inencontráveis, foram reunidas num volume que não constituirá o título menor do poeta junto à posteridade.

Em curto prefácio dirigido a Arsène Houssaye, que precede os *Pequenos poemas em prosa*, Baudelaire conta como lhe veio a ideia de utilizar essa forma híbrida, flutuante entre o verso e a prosa.

> Tenho uma confissãozinha a fazer. Foi ao folhear, pela vigésima vez pelo menos, o famoso *Gaspard de la nuit* [Gaspar da Noite] de Aloysius Bertrand (um livro conhecido por vós, por mim e por alguns de nossos amigos não tem todos os direitos de ser chamado de famoso?) que me veio a ideia de tentar algo análogo e de aplicar à descrição da vida moderna, ou antes, de uma vida moderna e

mais abstrata o procedimento que ele aplicara na pintura da vida antiga, tão estranhamente pitoresca.

Quem dentre nós não sonhou, em seus dias de ambição, com o milagre de uma prosa poética, musical, sem ritmo e sem rima, bastante maleável e bastante sacudida para adaptar-se aos movimentos líricos da alma, às ondulações do devaneio, aos sobressaltos da consciência?

Não é de mister dizer que nada se parece menos com *Gaspar da noite* do que os *Pequenos poemas em prosa*. O próprio Baudelaire se deu conta disso logo que começou o trabalho e constatou esse *acidente* com que se orgulharia talvez qualquer outro que não ele, mas que só pode humilhar profundamente um espírito que olha como a maior das honras do poeta cumprir *exatamente* o que projetou fazer.

Vê-se que Baudelaire sempre pretendia dirigir a inspiração pela vontade e introduzir uma espécie de matemática infalível na arte. Recriminava-se por ter produzido outra coisa que não o que resolvera fazer, ainda que fosse, como no caso presente, uma obra original e poderosa.

Nossa língua poética, há que confessá-lo, em que pesem os valorosos esforços da nova escola para flexibilizá-la e torná-la maleável, não se presta muito ao pormenor um pouco raro e circunstanciado, principalmente quando se trata de assuntos da vida moderna, familiar ou luxuosa. Sem ter, como outrora, o horror da palavra própria e o amor pela perífrase, o verso francês recusa, por sua estrutura mesma, a expressão da particularidade significativa e, se ele se obstina a fazê-la entrar em seu quadro estreito, torna-se logo duro, pedreguento e penoso. Os *Pequenos poemas em prosa* vêm suprir portanto, muito a propósito, essa impotência e, nessa forma que exige uma arte rara e em que cada palavra deve ser lançada, antes de ser empregada, em balanças mais fáceis de oscilar do que aquelas dos *Pesadores de ouro* de Qinten Metsys, pois é necessário que tenha o título, o peso e o som; Baudelaire pôs em relevo todo um lado precioso, delicado e estranho de seu talento. Pôde cingir de mais perto o inexprimível e traduzir essas nuanças fugitivas que flutuam entre o som e a cor e esses pensamentos que se parecem com motivos de arabescos ou com temas de frases musicais. Não é apenas à natureza física, é aos movimentos mais secretos da alma, às melancolias caprichosas, ao *spleen* alucinado das neuroses que essa forma se aplica com êxito. O autor das *Flores do Mal* tirou dela efeitos maravilhosos e por vezes fica-se surpreso de que a língua chegue, ora através da gaze transparente do sonho, ora com a brusca nitidez de um desses raios de sol que, nas brechas azuis do longínquo, destacam uma torre em ruína, um tufo de árvores, um cume de montanha, a mostrar objetos que parecem recusar-se a qualquer descrição e que, até agora, não tinham sido *reduzidos* pelo verbo. Esta será uma das glórias, senão a maior de Baudelaire: ter feito entrar nas possibilidades do estilo séries de coisas, de sensações e de efeitos inominados por Adão, o grande nomenclador. Um literato não pode ambicionar mais belo título, e esse, o escritor que fez os *Pequenos poemas em prosa* merece sem contestação.

É bem difícil, a menos de se dispor de um grande espaço, e então seria melhor encaminhar o leitor às próprias peças, dar uma ideia exata dessas composições: quadros, medalhões, baixos-relevos, estatuetas, esmaltes, pastéis, camafeus que se seguem, mas um pouco como as vértebras na espinha dorsal de uma cobra. Pode-se tirar alguns dos anéis e os pedaços voltam a juntar-se sempre vivos, tendo cada um a sua alma particular e torcendo-se convulsivamente rumo a um ideal inacessível.

Como devo encerrar o mais brevemente possível esta notícia que já se está alongando demais, senão expulsaríamos de seu livro o autor e amigo cujo talento explicamos, e o comentário abafaria a obra, devemos limitar-nos a citar os títulos de alguns desses pequenos poemas em prosa, muito superiores, a nosso ver, pela intensidade, concentração, profundidade e graça, às fantasias mimosas de *Gaspar da noite* que Baudelaire se propusera como modelo. Entre os cinquenta trechos que compõem a coletânea e que são todos diversificados em tom e em feitura, chamamos a atenção para "Le Gâteau" [O bolo], "La Chambre double" [O quarto duplo], "Les Foules" [As multidões], "Les Veuves" [As viúvas], "Le Vieux saltimbanque" [O velho saltimbanco], "Un Hémisphère dans une chevelure" [Um hemisfério numa cabeleira], "L'Invitation au voyage" [O convite à viagem], "La Belle Dorothée" [A bela Doroteia], "Une Mort héroïque" [Uma morte heroica], "Le Thyrse" [O Tirso], "Portraits de maîtresses" [Retratos de amantes], "Le Désir de peindre" [O desejo de pintar], "Un Cheval de race" [Um cavalo de raça] e principalmente "Les Bienfaits de la lune" [Os benefícios da lua], adorável peça em que o poeta exprime com mágica ilusão aquilo em que o pintor inglês Millais falhou tão completamente em sua *La veillée de la Sainte-Agnès* [Vigília da festa de Santa Inês]: a descida do astro noturno num quarto com seu clarão fosforicamente azulado, seus cinzas de nácar irisados, sua bruma atravessada de raios onde palpitam, como falenas, átomos de prata. Do alto de sua escada de luz a lua debruça-se sobre o berço de uma criança adormecida, banhando-a com sua claridade viva e com seu veneno luminoso, dota aquela linda cabeça pálida de seus benefícios estranhos, como uma fada madrinha e lhe murmura ao ouvido:

> Sentirás eternamente a influência de meu beijo, serás bela à minha maneira. Amarás o que amo e o que me ama: a água, as nuvens, o silêncio, a noite, o mar imenso e verde, a água informe e multiforme, o lugar onde não estarás, o amante que não conhecerás, as flores monstruosas, os perfumes perturbadores da vontade, os gatos que desmaiam sobre os pianos e que gemem como as mulheres, com voz rouca e doce.

Só conhecemos como análogo a esse trecho delicioso a poesia de Li-tai-pé, tão bem traduzida por Judith Walter, em que a imperatriz da China arrasta, entre os raios, na escadaria de jade adiamantado pela lua, as dobras de seu vestido de cetim branco. Só um lunático podia entender assim a lua e seu encanto maravilhoso.

Quando se escuta a música de Weber, experimenta-se primeiro uma sensação de sono magnético, uma espécie de apaziguamento que vos separa sem abalo da vida real, depois ao longe ressoa uma nota estranha que faz prestar ouvidos com inquietação. Essa nota é como um suspiro do mundo sobrenatural, como a voz dos espíritos invisíveis que se chamam. Oberon acaba de embocar a trompa e a floresta mágica se abre, alongando ao infinito alamedas azuladas, povoando-se de todos os seres fantásticos descritos por Shakespeare no *Sonho de uma noite de verão*, e a própria Titânia aparece em seu transparente vestido de gaze de prata.

A leitura dos *Pequenos poemas em prosa* muitas vezes produz em nós impressões desse gênero; uma frase, uma palavra – uma só – estranhamente escolhida e colocada, evocava para nós um mundo desconhecido de figuras esquecidas e no entanto amigas, revivia as lembranças de existências anteriores e distantes, e fazia-nos pressentir em torno de nós um coro misterioso de ideias desvanecidas, murmurando a meia-voz entre os fantasmas das coisas que se destacam incessantemente da realidade. Outras frases, de uma ternura mórbida, parecem como a música segredar consolações para as dores inconfessadas e os irremediáveis desesperos. Mas é preciso tomar cuidado, pois elas vos dão a nostalgia como o *ranz des vaches*[10] a esse pobre lansquenê suíço da balada alemã, da guarnição de Estrasburgo, que atravessou o Reno a nado, foi recapturado e fuzilado, "por ter ouvido ecoar demais a trompa dos Alpes".

Théophile Gautier
20 de fevereiro de 1868

---

[10] Nome que se dá na Suíça a duas árias pastoris. (N. do T.)

Autorretrato de Baudelaire, 1960. Lausanne, Coleção Armand Godoy.

Madame Sabatier, a "Vênus branca", em mármores de Auguste Clésinger. No alto, **La femme piqué par un serpen** *[Mulher picada por uma serpente] e ao lado busto esculpido em 1846. Paris, Museu do Louvre.*

*Atual fachada do antigo Hôtel Pimodan, hoje rebatizado Hotel de Lausun.
Foto feita especialmente para esta edição de Patrick Shaumann.*

Jeanne Duval, desenhada por Baudelaire em 1865. Lausanne, Coleção Armand Godoy.

Manuscrito do poema "Le Port" [O porto] para a "Nouvelle Revue de Paris" de 25 de dezembro de 1864. Paris, Biblioteca Jacques Doucet.

Baudelaire por ele mesmo. Aquarela de 1844. Paris, Coleção do Barão de Goldschmidt-Rothschild.

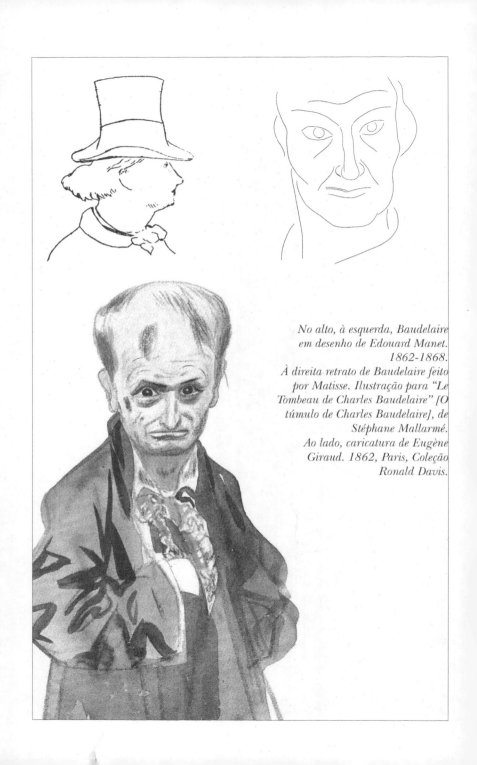

No alto, à esquerda, Baudelaire em desenho de Edouard Manet. 1862-1868.
À direita retrato de Baudelaire feito por Matisse. Ilustração para "Le Tombeau de Charles Baudelaire" [O túmulo de Charles Baudelaire], de Stéphane Mallarmé.
Ao lado, caricatura de Eugène Giraud. 1862, Paris, Coleção Ronald Davis.

Retrato de Baudelaire por Rouault. Litografía de de "Souvenirs intimes", 1926.

Retrato de Baudelaire, *por Gustave Courbet. Montpellier, Museu Fabre, 1847.*

APÊNDICE

Ao exemplar preparado para a terceira edição das *Flores do Mal*, o autor havia juntado, a título de *testimonia*, uma coleção de cartas e artigos publicados ou escritos por ocasião da primeira edição. Por respeito à intenção do poeta, agrupamos aqui essas justificações de que o livro não mais necessita hoje.

Os artigos de Édouard Thierry, Dulamon, J. Barbey d'Aurevilly e Charles Asselineau haviam sido reunidos por Charles Baudelaire quando do processo contra as *Flores do Mal*, sob a forma de memorial para os juízes com esta apostila assinada com suas iniciais:

> Os quatro artigos seguintes, que representam o pensamento de quatro espíritos delicados e severos, não foram compostos com vistas a servirem de peças de defesa. Ninguém, nem tampouco eu, podia supor que um livro impregnado de uma espiritualidade tão ardente, tão brilhante como as *Flores do Mal*, devesse ser objeto de uma perseguição, ou melhor, dar ocasião a um mal-entendido.
>
> Deixo agora que falem por mim os senhores Édouard Thierry, Frédéric Dulamon, J. B. d'Aurevilly e Charles Asselineau.
>
> C. B.

ARTIGO DE ÉDOUARD THIERRY*

... Mas não sois vós tampouco as únicas flores da natureza. Existem também flores malsãs, aquelas geradas pelas cloacas impuras e deletérias. Existe a Flora das poções e dos vegetais venenosos, a Flora do mal, e vê-se aonde quero chegar, ao volume de poesias do tradutor de Edgar Poe, às *Flores do Mal* de Charles Baudelaire.

Imaginai uma fantasia sinistra que falte às fantasias do contista americano, uma imaginação que vai de par com suas imaginações desordenadas; imaginai, num palácio como aquele do príncipe Próspero, por exemplo, em seguida às sete grandes salas iluminadas do lado do corredor por suas janelas flamejantes, uma estufa de vidros dispostos para servir de jardim de inverno. A estufa é um outro palácio. O senhor que o mandou construir ao sabor de seu gosto esquisito não quis reunir ali as plantas preciosas, as flores que alegram os sentidos pelo olfato e o espírito pelos olhos, as folhagens de suave e argênteo verdor, as belas palmas, os grandes leques, as longas bananeiras flutuantes e os penachos inclinados da vegetação das Antilhas. A natureza pacífica deu há muito suas mais ricas amostras. Ele queria saber o que podia dar a natureza assassina. Quis desenvolver as plantas funestas que carregam o sinal do mal em suas formas inquietantes. Mandou procurar as cascas que destilam os sucos perigosos, as sombras que exalam a vertigem e a febre. Criou pântanos atapetados de todas as espumas, de todos os musgos, de todas as borras, de todas as pérolas verdoengas da corrupção vegetal. Preparou lugares baixos e sufocados onde as moscas de mil cores zumbem e imitam abominavelmente o movimento da respiração no ventre dos animais mortos. De uma ponta à outra desse terrível jardim, um pesado mormaço acalenta ao mesmo tempo a podridão e os perfumes penetrantes que se confundem, de tal sorte que os perfumes revoltam e que os sentidos espantados têm medo de comprazer-se na infecção. E no entanto, por todos os lados brota uma floração

---

* Publicado originalmente no *Le Moniteur universel*, em 14 de julho de 1857.

inaudita, cipós maravilhosos e de uma força de produção que não se tinha suspeitado, formas horrendas e soberbas, cores de um brilho sinistro e junto dos quais empalideceria qualquer outra cor. O senhor do lugar realizou um Éden do inferno. A Morte ali passeia com a Volúpia, sua irmã, ambas parecidas e desafiando os olhos a distinguir aquela que atrai daquela que espanta. A raça da antiga serpente rasteja ferida nas alamedas, e, no meio, a árvore da ciência lança um último broto que se lança por milagre de seu tronco fulminado.

Procuro reproduzir a impressão do livro, tento ser compreendido mais do que explico o meu pensamento. O folhetim fala para toda gente. Um livro como *As flores do Mal* não se dirige a todos aqueles que leem o folhetim. Darei uma ideia mais exata? Ligarei sua forma à lembrança de alguma forma literária? Ligo-a e também o ligo à ode que Mirabeau escreveu no torreão de Vincennes. Por vezes tem a sua audácia, alucinação sombria, belezas formidáveis e sempre a sua tristeza. É a tristeza que o justifica e absolve. O poeta não se alegra diante do espetáculo do mal. Olha o vício de frente, mas como um inimigo que conhece bem e que enfrenta. Se o teme ainda ou se cessou de temê-lo, não sei; mas fala com a amargura de um vencido que conta as suas derrotas. Não dissimula nada. Não esqueceu nada. Num tempo em que a literatura indiscreta contou ao público os costumes da vida boêmia, as aventuras da baronesa d'Ange e as de Marguerite Gautier, ele veio atrás dos contistas divertidos dizer por sua vez o idílio através dos campos, a égloga ao lado de um bicho morto, a alcova da cortesã assassinada, e ninguém mais virá depois dele. Escreveu a verdade derradeira. Não mentiu a si mesmo. As flores do mal têm um perfume vertiginoso. Ele as respirou, não calunia as suas lembranças. Gosta de sua embriaguez ao lembrar-se dela, mas sua embriaguez é triste de dar medo. Não se acusa de outro jeito, não se queixa de outro jeito, está triste. Falta uma luz em seu livro para iluminá-lo, uma espécie de fábula para determinar-lhe o sentido. Se ele o denominasse *Divina comédia*, como o livro de Dante, se suas pecadoras mais ousadas fossem colocadas num dos círculos do *Inferno*, o próprio quadro das lésbicas não precisaria ser retocado para que o castigo fosse bastante severo. De resto, e é assim que termino, já aproximei de Mirabeau o autor das *Flores do Mal*, aproximo-o de Dante, e

respondo que o velho florentino reconheceria mais de uma vez no poeta francês sua fogosidade, sua palavra espantosa, suas imagens implacáveis e a sonoridade de seu verso de bronze. Eu buscava elogiar Charles Baudelaire, como o louvaria melhor? Deixo seu livro e seu talento sob a austera caução de Dante.
Não diria o mesmo de *Denise*. Faz-se uma vez *As flores do Mal*, uma obra-prima de realidade selvagem, um livro do maior estilo e de uma ferocidade magistral; faz-se (quando se pode fazê-lo), não se refaz mais.

* * *

ARTIGO DE F. DULAMON[*]

AS FLORES DO MAL
de Charles Baudelaire

Este título é significativo, e agradecemos por isso a lealdade do poeta: nunca muros guarnecidos de guaritas ou grades de ferro interditaram mais claramente aos ladrões a entrada das propriedades, do que o nome lúgubre desses versos impede a leitura às almas puras e noviças.

Quais são os assuntos de que o poeta tratou? O tédio que devora as almas prontamente saciadas das alegrias vulgares e apaixonadas pelo ideal; os furores do amor que fazem nascer não os arrebatamentos dos sentidos ou o desabrochar de um coração jovem e crédulo, mas os refinamentos de uma curiosidade doentia; a expiação providencial suspensa sobre o vício frívolo do indivíduo, como sobre a corrupção dogmática das sociedades; a brutalidade conquistadora que ignora as alegrias e o poder do sacrifício; as almas cúpidas que fraudam e caluniam as almas retas e contemplativas; finalmente, o orgulho que se ergue contra Deus e que, mesmo fulminado, respira com delícias o incenso dos infelizes que ilude, dos sofistas que enlaça, dos soberbos que inebria. Fechamos aqui essa enumeração: os oito últimos trechos consagrados ao Vinho e à Morte não têm mais nada de satânico. E, de início, é a alma do vinho que canta na garrafa, prometendo ao trabalhador a

---

[*] Publicado originalmente em *Le Présent*, em 23 de julho de 1867.

força, à sua companheira as flores da saúde, e convidando-os a ambos para a oração, que brota espontaneamente de um coração comovido. Vêm a seguir o trapeiro, que sonha na embriaguez glória, batalhas e realeza; o assassino, que procura no vinho o esquecimento do remorso e só encontra nele os acres fermentos do delírio e da impiedade; o poeta e o amante, que pedem ao sangue da vinha todos os arrebatamentos do espírito e do amor!

A Morte fecha o livro do poeta, como fecha as curtas alegrias e os sinistros desgarramentos da vida. Os amantes morrem no meio das flores, com o sorriso nos lábios, com o clarão profético nos olhos, embalados sobre a asa do anjo dos últimos amores. O pobre saúda a Morte como consoladora divina; o artista espera para além túmulo o acabamento do destino e um futuro incorruptível!

A *Revue de Paris*, a *Revue des deux mondes*, *L'artiste*, a *Revue française* publicaram, antes de vir a lume o livro, alguns dos textos que o compõem, e logo alguns clamores discretos mas concertados se fizeram ouvir. "O poeta passou trinta anos e compraz-se na pintura do vício e do orgulho! Analisa curiosamente os progressos da decomposição cadavérica, assimila os vícios ao animais impuros ou ferozes! Por que expor todas essas chagas horrendas do espírito, do coração e da matéria?

E então! Não tendes passatempo mais suave?

Em verdade, essas recriminações nos parecem injustas; a afirmação do mal não é a sua aprovação criminosa. Os poetas satíricos, os historiadores, os dramaturgos, acaso foram jamais acusados de tecer coroas para os delitos que pintam, que contam, que produzem no palco? Foi Juvenal que se prostituiu ao carregador de Roma, ou Shakespeare que matou Banquo? Em oposição à filosofia estéril, muda, superficial, que nos ensina a teologia cristã? Que o homem voluntariamente decaído é presa do mal, e que todas as fontes de seu ser foram corrompidas, o corpo pela sensualidade, a alma pela curiosidade indiscreta e pelo orgulho. Os livros dos teólogos estão cheios de quadros em que o vício não está ligeiramente indicado, mas escavado até as suas mais misteriosas profundezas, dissecado até as suas fibras mais vergonhosas.

Uma santa, três vezes canonizada pela Igreja, Santa Brígida, bem que ousou mostrar-nos Jesus Cristo oferecendo a Satã uma graça plena e inteira, sob a condição de uma palavra de arrependimento, e o invencível orgulhoso recusou-se a essas investidas da clemência divina! Tertuliano e Bossuet seguiram para além do cadáver as marcas do nada do homem. "O próprio nome cadáver não lhe resta por muito tempo, porque ainda exprime alguma forma humana. Logo não é mais do que um não-sei-quê já sem nome em nenhuma língua." Sim, a teologia cristã descreve sabiamente o mal para inspirar-nos horror dele, para ordenar-nos o retorno laborioso ao bem. Pinta industriosamente os horrores da morte, o cadáver, o verme do túmulo, a decomposição de nossos miseráveis restos; ao mesmo tempo ilumina toda essa podridão com um raio de imortalidade[1], e mostra-nos os heróis abatidos pela morte, mas reerguidos por Deus que perdoa, mais triunfantes do que em Rocroi ou Austerlitz. Tais não são por certo algumas doutrinas mundanas; profetizam um progresso fatal para dispensar-se de colaborar, e não creem no mal, porque ignoram quanto é áspero e pouco frequentado o caminho do bem. Mas deixemos todas essas considerações e voltemos ao nosso poeta, para só nos ocupar com seus versos e com seu talento. Uma palavra bastará para aqueles que não o leram. Baudelaire está há muito tempo familiarizado com os tons secretos da métrica e todas as delicadezas da linguagem; espírito aberto e escritor laboriosamente distinto, ele parece-nos ter condensado no trecho a seguir algumas de suas melhores qualidades:

Don Juan nos infernos

Quando desceu Don Juan ao subterrâneo rio,
E o óbolo ofertou a Caronte, um mendigo
De sobranceiro olhar, Antístenes sombrio,
Cada remo tomou, braço forte e inimigo.

---

[1] Foi o que fiz em meu livro de maneira luminosa; vários trechos não incriminados refutam os poemas incriminados. Um livro de poesia deve ser apreciado no seu conjunto e *por sua conclusão*. (N. de C. Baudelaire.)

Os seios a pender e as vestes entreabertas,
Mulheres se torciam sob o céu cinzento,
E como enorme grei de vítimas ofertas,
Atrás dele arrastavam bestial lamento.

Sganarello, em riso, exigia-lhe as pagas,
Enquanto Don Luis, com o dedo a tremer,
Mostrava a cada morto errante pelas plagas
O filho que das cãs ousara escarnecer.

Trêmula no seu luto, Elvira, magra e casta,
Junto ao pérfido esposo, amante seu que fora,
Parecia dizer-lhe que um sorriso basta
Em que brilhe o calor de uma jura de outrora.

Ereto na armadura, homem de pedra, ingente,
Segurando o timão, cortava a onda sombria;
Mas esse manso herói, sobre a espada pendente,
Olhava, em devaneio, a esteira e nada via.

 Baudelaire, já conhecido por uma tradução notável e consciênciosa de Edgar Poe, e por dois volumes de *Salões*, verá, assim cremos, seu novo apelo à publicidade reunir as condições de todo sucesso: injúrias passageiras e sufrágios duradouros.
 Baudelaire teve a fortuna, e tem a honrosa candura de voltar a pedi-la às letras. Visitou o Oriente e conservou viva impressão dos esplendores da natureza tropical. Leu e releu excelentes livros. Proclus, Joseph de Maistre, os grandes poetas de todos os tempos. Ele é, em suas relações, tolerante, manso e obsequioso. Lembra-me esses belos abades do século XIII, tão corretos em sua doutrina, tão indulgentes no comércio com a vida, o abade Bernis, por exemplo. Todavia fez melhor os versos e não teria pedido a Roma a destruição da ordem dos Jesuítas.

* * *

ARTIGO DE JULES BARBEY D'AUREVILLY

Meu caro Baudelaire,
Envio-vos o artigo que me pedistes e que uma conveniência, fácil de entender, impediu *Le pays* de publicar, visto que estáveis sob processo. Ficaria feliz, meu caro amigo, se este artigo

tivesse um pouco de influência sobre o espírito daquele que vos vai defender e sobre a opinião daqueles que serão chamados a vos julgar,
Muito cordialmente,

J. B. D.
24 de julho de 1857

I

Se só houvesse talento nas *Flores do Mal* de Charles Baudelaire, já haveria certamente o bastante para fixar a atenção da Crítica e cativar os entendidos, mas neste livro difícil de caracterizar a princípio, e sobre o qual nosso dever é impedir toda confusão e todo equívoco, há muitas outras coisas além do talento para mover os espíritos e apaixoná-los... Charles Baudelaire, tradutor das obras completas de Edgar Poe, que já deu a conhecer à França o estranho contista, e que vai incessantemente dar-lhe a conhecer o poderoso poeta que se acrescentava ao contista, Baudelaire que, de gênio, parece o irmão mais novo de seu caro Edgar Poe, já havia espalhado, aqui e ali, algumas das poesias que agora reúne e publica. Sabe-se a impressão que então produziram. Na primeira publicação, ao primeiro odor das *Flores do Mal,* como ele as chama, dessas flores (há que se dizer, pois que são as *Flores do Mal*) horríveis de selvagem brilho e de cheiro, por todos os lados se gritou pela asfixia e que o buquê estava envenenado! As moralidades delicadas diziam que ele ia matar como as tuberosas matam as mulheres em parto, e mata de fato da mesma maneira. É um preconceito. Numa época tão depravada pelos livros como é a nossa, *As flores do Mal* não farão muito nesse sentido, ousamos afirmar. E elas não o farão, não somente porque somos os Mitrídates das drogas horrendas que engolimos há vinte e cinco anos, mas também por uma razão muito mais segura, tirada do tom – da profundeza do tom de um livro que, a nosso ver, deve produzir o efeito absolutamente contrário daquele que se afeta temer. Não acrediteis no título senão pela metade! Não são *As flores do Mal* o livro de Baudelaire. São o mais violento extrato que jamais se tenha feito dessas flores malditas. Ora, a tortura que deve produzir tal veneno salva dos perigos de sua embriaguez!

Tal é a moralidade, inesperada, voluntária talvez, mas certa, que sairá deste livro cruel e ousado cuja ideia apossou-se da imaginação de um artista! Revoltante como a verdade, que o é com frequência, infelizmente, no mundo da Queda, este livro será moral à sua maneira; e não fiqueis a sorrir! Essa maneira não é nada menos do que aquela da própria Providência onipotente, que manda o castigo depois do crime, a doença depois do excesso, o remorso, a tristeza, o tédio, todas as vergonhas e todas as dores que nos degradam e nos devoram por ter transgredido suas leis. O poeta das *Flores do Mal* exprimiu, uns após outros, todos esses fatos divinamente vingadores. Sua musa foi buscar no seu próprio corpo entreaberto, e os tirou à luz com mão tão impiedosamente encarniçada quanto a do romano que tirava fora de si as entranhas. Por certo, o autor das *Flores do Mal* não é um Catão. Não é nem de Útica nem de Roma. Não é o Estoico, nem o Censor. Mas quando se trata de rasgar a alma humana através da sua, é tão resoluto e tão impassível quanto aquele que rasgou apenas o seu corpo, depois de uma leitura de Platão. A Potência que pune a vida é ainda mais impassível do que ele! Seus sacerdotes, é verdade, pregam por ela. Mas ela mesma não se atesta a nós senão pelos golpes com que nos atinge. "Eis aí *suas vozes!*", como disse Joana d'Arc. Deus, é o talião infinito. Quis-se o mal, e o mal engendra. Achou-se bom o venenoso néctar e tomou-se dele em tão altas doses que em consequência a natureza humana desaba e um dia se dissolve por completo! Semeou-se o grão amargo, recolhem-se as flores funestas. Baudelaire, que as colheu e recolheu, não disse que essas *Flores do Mal* eram belas, que cheiravam bem, que se devia enfeitar com elas a fronte, encher as mãos, e que isso era a sabedoria. Ao contrário, ao nomeá-las, ele as fez murchar. Num tempo em que o sofisma reafirma a covardia e em que cada um é o doutrinador de seus vícios, Baudelaire nada disse em favor daqueles que moldou tão energicamente em seus versos. Não o acusarão de tê-los tornado amáveis. Estão ali horrendos, nus, trêmulos, meio devorados por si mesmos, tais como se concebe que estão no inferno. É isso de fato o adiantamento de herança infernal que todo culpado, ainda em vida, tem no peito durante a vida. O poeta, terrível e terrificado, quis fazer-nos respirar a abominação dessa espantosa corbelha que ele carrega, pálida canéfora, na cabeça eriçada de horror. Aí está realmente um grande espetáculo! Desde o culpado cosido num saco que resvalava sob as pontes úmidas e negras da Idade Média, gritando que era preciso deixar passar uma justiça, nada se viu de mais trágico do que a tristeza dessa poesia culpada, que carrega o fardo de seus vícios em sua fronte lívida. Deixemo-la então passar também! Pode-se tomá-la por uma justiça – a justiça de Deus!

II

Depois de ter dito isso, não seremos nós que afirmaremos que a poesia das *Flores do Mal* é poesia pessoal. Sem dúvida, sendo o que somos, carregamos todos (mesmo os mais fortes) algum farrapo sangrento de nosso coração em nossas obras, e o poeta das *Flores do Mal* está submetido a essa lei como cada um de nós. O que fazemos questão de constatar somente é que, contrariamente ao maior número dos líricos atuais, tão preocupados com seu egoísmo e com suas pobres impressõezinhas, a poesia de Baudelaire é menos extravasão de um sentimento individual do que uma firme concepção do espírito. Embora muito lírico de expressão e de ímpeto, o poeta das *Flores do Mal* é, basicamente, um poeta dramático. Tem dele o futuro. *Seu livro atual é um drama anônimo de que é ele o ator universal*, e eis por que não regateia nem com o horror, nem com o nojo, nem com nada daquilo que pode produzir de mais horrendo a natureza humana corrompida. Shakespeare e Molière tampouco regatearam com o pormenor revoltante da expressão quando pintaram um, seu Iago, o outro, seu Tartufo. Toda a questão para eles era esta: "Existem hipócritas e pérfidos?" Se existiam, eles tinham de exprimir-se como hipócritas e como pérfidos. Eram celerados que falavam; os poetas eram inocentes! Um dia até (a anedota é conhecida), Molière lembrou isso à margem de seu *Tartufo*, em face de um verso por demais odioso, e Baudelaire teve a fraqueza... ou a precaução de Molière.

Nesse livro, em que tudo está em versos, até o prefácio, encontra-se uma nota em prosa[2] que não pode deixar qualquer

---

[2] Primeira edição, 1857. Eis a nota de Charles Baudelaire, que encabeça a parte do livro intitulada "Revolta", e que ele suprimiu na segunda edição: "Entre os trechos a seguir, o mais caracterizado já saiu numa das principais coletâneas literárias de

dúvida não somente sobre a maneira de proceder do autor das *Flores do Mal*, mas também sobre a noção que ele tinha elaborado da Arte e da Poesia; pois Baudelaire é um artista de vontade, de reflexão e de combinação antes de tudo. "Fiel", diz ele, "ao seu *doloroso programa*, o autor das *Flores do Mal*, teve de amoldar, como perfeito ator, o seu espírito a todos os sofismas, como a todas as corrupções." Isso é positivo. Só aqueles que não querem compreender é que não compreenderão. Portanto, como o velho Goethe, que se transformou em turco vendedor de pastilhas em seu *Divã*, e nos deu assim um livro de poesia – mais dramática do que lírica também, e que talvez seja a sua obra-prima – o autor das *Flores do Mal* se fez celerado, blasfemador, ímpio, pelo pensamento, absolutamente como Goethe se fez turco. Representou uma comédia, mas foi a comédia sangrenta de que fala Pascal. Esse profundo sonhador que está no fundo de todo grande poeta perguntou-se em Baudelaire o que se tornaria a poesia passando por uma cabeça organizada, por exemplo, como a de Calígula ou Heliogábalo, e as *Flores do Mal* – essas monstruosas – desabrocharam para a instrução e humilhação de todos nós; pois não é inútil, convenhamos(!) saber o que pode florir no estrume do cérebro humano, decomposto por nossos vícios. É uma boa lição. Somente, por uma inconsequência que nos toca e cuja causa conhecemos, mesclam-se a essas poesias, imperfeitas por isso do ponto de vista absoluto de seu autor, gritos de alma cristã, doente de infinito, que rompem a unidade da obra terrível, e que Calígula e Heliogábalo não teriam lançado. O cristianismo nos penetrou de tal

---

Paris, onde não foi considerado, pelo menos pelas pessoas cultas, senão por aquilo que verdadeiramente é: o pastiche dos arrazoados da ignorância e do furor. Fiel a seu doloroso programa, o autor das *Flores do Mal* teve de amoldar, como perfeito ator, o seu espírito a todos os sofismas, como a todas as corrupções. Esta declaração cândida não impedirá por certo os críticos honestos de alinhá-lo entre os teólogos do populacho e de acusá-lo de ter lamentado que nosso Salvador Jesus Cristo, Vítima eterna e voluntária, não tenha tido o papel de um conquistador, de um Átila igualitário e devastador. Mais de um certamente dirigirá ao céu as ações de graças habituais do Fariseu: Obrigado, meu Deus, que não me permitiste ser semelhante a este poeta infame!"
     Charles Baudelaire teve certamente razão de riscar essa nota, pois que ela não bastara para convencer e para desarmar os seus juízes. Mas não temos nós o dever de restabelecer aqui tudo aquilo que pode colocar em plena luz o pensamento do poeta?

modo que falsifica até as nossas concepções de arte voluntária, nas mentes mais enérgicas e nas mais preocupadas, ainda que alguém se chame autor das *Flores do Mal* – um grande poeta que não se acha cristão e que no seu livro positivamente não *quer* sê-lo – não se tem impunemente mil e oitocentos anos de cristianismo atrás de si. Isso é mais forte do que o mais forte dentre nós! Por mais que se queira ser um artista temível, do ponto de vista mais decidido, com a mais tenaz das vontades, e ter jurado a si mesmo ser ateu como Shelley, louco furioso como Leopardi, impessoal como Shakespeare, indiferente a tudo, exceto à beleza, como Goethe, vai-se algum tempo assim – miserável e soberbo – ator à vontade na máscara bem feita em seus traços característicos; mas acontece que, de repente, no pé de uma dessas poesias mais amargamente calmas ou mais cruelmente selvagens, reencontra-se o cristão numa meia-tinta inesperada, numa última palavra que destoa – mas que destoa para nós deliciosamente no coração.

Ah! Senhor! Concedei-me a força e a coragem
De olhar meu coração e corpo sem ter nojo!

Entretanto, devemos confessá-lo, essas inconsequências, quase fatais, são bastante raras no livro de Baudelaire. O artista, vigilante e de uma perseverança inaudita na fixa contemplação de sua ideia, não foi muito derrotado.

III

Essa ideia, já o dissemos por tudo o que precede, é o pessimismo mais acabado. A literatura *satânica*, que já data de bastante longe, mas que tinha um lado romanesco e falso, só produz contos para provocar frêmitos ou gaguejos de criançola, comparados com essas realidades espantosas e com essas poesias nitidamente articuladas onde a erudição do mal em todas as coisas se mescla à ciência das palavras e do ritmo. Pois para Charles Baudelaire, chamar uma arte a essa sua maneira culta de escrever em versos não diria bastante. É quase um artifício. Espírito de laboriosa pesquisa, o autor das *Flores do Mal* é um rebuscado da literatura, e seu talento, que é incontestável, trabalhado, elaborado, complicado, com paciência de chinês, é ele próprio uma flor do mal vinda para as estufas cálidas de uma Decadência. Pela língua e pelo *fazer*, Baudelaire, que saúda, no início de sua coletânea, Théophile Gautier como seu mestre, é dessa escola que acredita estar tudo perdido, e *mesmo a honra*, à primeira rima fraca, na mais esbelta e vigorosa poesia. É um desses materialismos refinados e ambiciosos que não concebem nada que não seja a perfeição – a perfeição material – e que sabem às vezes realizá-la; mas pela inspiração ele é muito mais profundo do que a sua escola e desceu tão profundo na sensação, de que essa escola nunca sai, que acabou por encontrar-se aí sozinho, como um leão de originalidade. Sensualista, mas o mais profundo dos sensualistas, e obstinado em só ser isso, o autor das *Flores do Mal* vai em sua sensação até o extremo limite, até essa misteriosa porta do infinito contra a qual ele se choca, mas que não sabe abrir, e de raiva se retrai sobre a língua e passa os seus furores para ela. Imaginai essa língua, ainda mais plástica do que poética, manejada e talhada como o bronze e a pedra, e onde a frase tem enrolamentos e caneluras; imaginai algo do gótico florido ou da arquitetura mourisca aplicado a essa simples construção que tem um sujeito, um regime e um verbo; depois, nesses enrolamentos e nessas caneluras de uma frase que toma as mais variadas formas como as tomaria um cristal, suponde todas as pimentas, todos os alcoóis, todos os venenos, minerais, vegetais, animais, e aqueles mais ricos e mais abundantes, se se pudesse vê-los, que se tiram do coração do homem, e tendes a poesia de Baudelaire, essa poesia sinistra e violenta, dilacerante e assassina de que nada se aproxima nos mais negros livros deste tempo que se sente morrer. Isso é, na sua ferocidade íntima, desconhecido em literatura. Se em alguns lugares, como no poema "A giganta" ou em "Don Juan nos infernos" – um grupo em mármore branco e preto – uma poesia de pedra, *di sasso*, como o comendador – Baudelaire lembra a forma de Victo çaJ, a única poesia espiritual da coletânea, na qual o poeta zomba da podridão abominada pela imortalidade de uma cara lembrança:

> Então, minha beleza! ao verme ide dizer
> Quando ele em beijos vos comer,
> Que conservei a forma e a divina essência
> De amores meus em putrescência!

vem à lembrança Auguste Barbier, em todas as outras passagens o autor das *Flores do Mal* é ele mesmo e se destaca soberbamente de todos os talentos deste tempo. Um crítico dizia isso outro dia (Sr. Ed. Thierry, do *Moniteur* [Monitor]), numa apreciação superior: para encontrar algum parentesco para essa poesia implacável, para esse verso brutal, condensado e sonoro, esse verso de bronze que sua sangue, é preciso remontar até Dante, *Magnus parens*! É a honra de Charles Baudelaire ter podido evocar, num espírito delicado e justo, uma tão grande lembrança!

Há algo de Dante, de fato, no autor das *Flores do Mal*, mas é um Dante de uma época decaída, é um Dante ateu e moderno, um Dante vindo depois de Voltaire, num tempo que não terá São Tomás. O poeta dessas *flores*, que ulceram o seio em que repousam, e não é culpa dele, pertence a uma época conturbada, céptica, zombeteira, nervosa, que se retorce nas ridículas esperanças das transformações e das metempsicoses; não tem a fé do poeta católico que lhe dava a calma augusta da segurança em todas as dores da vida.

A característica da poesia das *Flores do Mal*, exceção feita de alguns raros trechos que o desespero acabou por enregelar, é a perturbação, é a fúria, é o olhar convulso, e não o olhar sombriamente claro e límpido do Visionário de Florença. A musa de Dante viu sonhadoramente o inferno, a das *Flores do Mal* o respira com narinas crispadas como as de um cavalo que aspira o obus! Uma vem do inferno, a outra vai para ele. Se a primeira é mais augusta, a outra é talvez mais emocionante. Não tem o épico maravilhoso que arrebata tão alto a imaginação e acalma os seus terrores na serenidade de que os gênios totalmente excepcionais sabem revestir suas obras mais apaixonadas. Ela tem, ao contrário, horríveis realidades que conhecemos e que repugnam demais para permitir até a opressiva serenidade do desprezo.

Baudelaire não quis ser em seu livro das *Flores do Mal* um poeta satírico, e no entanto ele o é, senão de conclusão e de ensinamento, pelo menos de revolta de alma, de imprecações e de gritos. Ele é o *misantropo da vida culpada, e muitas vezes se imagina, ao ler, que se Tímon de Atenas tivesse o gênio de Arquíloco, teria podido escrever assim sobre a natureza humana e insultá-la em a contando!*

IV

Não podemos nem queremos citar nada da coletânea de poesias em questão, e eis por quê: um poema citado só teria o seu valor individual, e não nos enganemos, no livro de Baudelaire, cada poesia tem, além da perfeição dos detalhes ou da fortuna do pensamento, *um valor muito importante de conjunto e de situação* cuja perda não se deve provocar isolando-a. Os artistas que vêm as linhas sob o luxo e a eflorescência da cor perceberão muito bem que existe aqui *uma arquitetura secreta*, um plano calculado pelo poeta, meditativo e voluntário. As *Flores do Mal* não estão em sequência umas às outras como tantos trechos líricos, dispersos pela inspiração e juntados numa coletânea sem outra razão que não seja a de reuni-los. Elas são menos poesias do que uma obra poética *da mais forte unidade*. Do ponto de vista da arte e da sensação estética, perderiam muito, pois, por não serem lidas *na ordem* em que o poeta, que sabe o que faz, ordenou-as. Mas perderiam muito mais *sob o ponto de vista do efeito moral* que apontamos no início deste artigo.

Esse efeito, ao qual muito importa retornar, cuidemos para não enervá-lo. O que impedirá o desastre desse veneno, servido nessa taça, é a sua força! O espírito dos homens, que ele transtornará em átomos, não é capaz de absorvê-lo em tais proporções sem o vomitar, e tão forte contração dada ao espírito deste tempo, insulso e debilitado, pode salvá-lo arrancando-o, pelo horror, à sua covarde fraqueza. Os solitários, quando dormem, mantêm perto de si caveiras. Eis um Rancé, sem a fé, que cortou a cabeça ao ídolo material de sua vida; que, como Calígula, procurou no interior o que amava e que clama sobre o nada de todas as coisas, ao olhá-lo! Acreditais então que isso não seja algo de patético e de salutar?... Quando um homem e uma poesia desceram até esse ponto – quando se escorregou tão baixo, na consciência da incurável desgraça que está no fundo de todas as volúpias da existência, poesia e homem não podem senão voltar a subir. Charles Baudelaire não é um desses poetas que só têm um livro na cabeça e que o vão sempre e enfadonhamente retomando. Mas quer tenha secado a sua veia poética (o que não acreditamos) porque exprimiu e torceu o coração do homem quando este não é mais do que uma esponja apodrecida, quer, ao contrário, o tenha esvaziado de toda uma primeira espuma, ficou obrigado a calar-se agora, pois disse as palavras supremas sobre o mal da vida – ou a falar uma outra língua. Depois das *Flores do Mal*, só há dois partidos a tomar para o poeta que as fez desabrochar: ou dar um tiro na cabeça, ou fazer-se cristão!

* * *

ARTIGO DE CHARLES ASSELINEAU

I

As poesias de Charles Baudelaire estavam sendo há muito esperadas pelo público, refiro-me a esse público que se interessa ainda pela arte e para quem o aparecimento de um poeta ainda representa alguma coisa.

E, a respeito disso, não caluniemos demais a sociedade atual. É difícil que algo de belo ou de bom se produza sem que esta sociedade, que se diz tão material e tão adormecida, receba alguma agitação. Vou mais longe. Fico admirado com sua boa vontade em fazer sucessos e em se deixar ludibriar pela palavra de ordem daqueles que ela investe na função de esclarecê-la. Servem-lhe tragédias vulgares, sem invenção nem estilo; dizem-lhe: "É Corneille"; ela vai assistir, aplaude. Um pintor expõe bem no meio de um salão uma tela ambiciosa, com desenho duvidoso e cor equívoca, dizem ao público: "É Veronese"; ele se precipita, e aplaude. Quantas vezes não vimos nestes últimos anos a multidão se deslocar em massa e pressurosa para os teatros, os ateliês, as lojas dos livreiros, com base na opinião enganosa de um farsante ou de um interessado: e ali, em presença da obra-prima, escancarar os olhos e os ouvidos, de pescoço espichado, peito contido, só pedindo para se deixar violar em sua indiferença! Será erro seu se não lhe vem o entusiasmo, e se no dia seguinte deixam cair a bandeira que tinham levantado na véspera? Acaso falhou com Félicien David, com Daubigny, com Jean-François Millet, com Victor Laparade? A cada noite, não festeja Weber que acaba de lhe ser devolvido? Bem recentemente ainda, não deu acolhida a Gustave Flaubert?

O que hoje falta aos homens de verdadeiro mérito, aos artistas graves e convictos, não é, pois, a boa vontade do público; o público não quer outra coisa que não seja fazer sucessos, porque quer usufruir. O que lhe falta é o concurso leal, desinteressado daqueles a quem o público, muito ocupado, muito atarefado, delegou o encargo de esclarecê-lo e de adverti-lo, de fazer por ele a escolha das reputações, e que, à força de gritar que o lobo vem vindo por meras sombras, acabam por adormecê-lo na indiferença.

Muito antes que as revistas tivessem publicado versos de Baudelaire, sabia-se que existia em algum lugar, nas entranhas fecundas desta cidade que contêm tantos germes para o futuro, um poeta original, um espírito bem temperado, poeta demais ou artista demais segundo alguns, mas cujas qualidades vivazes e superabundantes deviam divergir do tédio e da mediocridade geral. O público, somos disso testemunha, manteve-se dez anos nessa expectativa. Os excertos publicados pelos jornais sustentaram essa reputação nascente.

Não quisemos, para apreciar o talento de Baudelaire, esperar pela impressão do público. Por certo clamarão que é exagero. Mas será que nestes tempos de mediocridade prolixa da poesia oficial, da poesia dos salões e das academias, será mesmo de uma superabundância de seiva que devemos nos queixar? Não é verdade que hoje acontece o mesmo com a poesia e com a pintura? Todo mundo pinta bem, diz um, todo mundo faz versos bem, responde outro. Sim, se por pintar bem e ser bom poeta se puder entender não infringir ostensivamente a nenhuma regra convencionada, exprimir-se fluentemente na linguagem de toda gente e saber ligar com habilidade, por processos conhecidos, frases aprendidas e recorrentes. *Todo mundo pinta bem* porque todo mundo foi à escola, visitou museus e tem a cabeça provida de lembranças. Ora, a memória é uma faculdade calma que não faz tremer a mão como a imaginação. Nossos artistas colocam na paleta algo de Rubens, de Rembrandt, de Cuyp, de Van Ostade etc. etc. Cercam-se de gravuras. Como, com isso, acrescentando um pouco de gosto e as tradições de escola, não teriam sucesso junto ao povo? Mas olhe-se um pouco mais de perto as obras desses hábeis pintores, aplique-se-lhes o método de julgamento que resulta do estudo dos mestres, e se descobrirá que não têm nem unidade, nem ciência, nem sinceridade, nem ideal, nem boa fé, nem arte de composição, nada, numa palavra, daquilo que constitui, não o grande pintor, mas o pintor. *Todo mundo escreve bem* porque todo mundo sabe ler e, há trezentos anos que se imprime, bom número de sentimentos e de matizes de sentimentos foram expressos pelos grandes escritores. Não constitui o sublime do gênero escolástico tomar por empréstimo a pompa de Bossuet, a concisão de La Bruyère, a profundidade de Pascal, a ironia de Voltaire, a paixão de Rousseau etc. etc.? De maneira que, de tanto exprimir seus próprios sentimentos com a linguagem dos mestres, chega-se a pensar à custa deles e, afinal, a simplesmente não pensar mais. Digamo-lo francamente, desde Luís XIV a poesia francesa vem morrendo de *correção*[3]. E quando, no começo deste século, o autor das *Orientales* [Orientais] e de *Hernani* veio regenerar a língua poética devolvendo-lhe tudo aquilo que havia perdido em 1660, o pitoresco, a propriedade, o grotesco, trataram-no de bárbaro e de tupinambá. Que pensarão nossos netos quando encontrarem nos jornais do tempo, com referência ao *maior inventor de ritmos que a França teve desde Ronsard,* os epítetos selvagem e iroquês? Que pensarão particularmente nessa pilhéria, banal então, da palavra cortada pelo hemistíquio, aplicada ao versificador mais severo da época? Como não existe patente para a invenção poética, não há hoje filho de boa família, equipado com o título de bacharel em letras e com um pouco de leitura, que não chegue a costurar e juntar convenientemente alguns hemistíquios de nossos poetas modernos. É o mesmo procedimento que vimos acima para a prosa: exprime-se a sua própria melancolia às custas de Lamartine, a ironia com Musset, a indignação com Barbier, o cepticismo com Théophile Gautier. Cada qual já fez o seu pequeno "Lago", seu pequeno "Passo de armas do Rei Jean", seu pequeno "Iambo", sua pequena "Comédia da morte", sua pequena "Balada à lua". Com a linguagem, apossa-se do pensamento; ou melhor, usa-se uma língua rica para disfarçar o vazio do pensamento, a nulidade do temperamento. Afora quatro ou cinco nomes que me dispenso de citar, mas que todos conhecem, pergunto se, nos ensaios poéticos que se manifestaram nestes últimos anos, é possível ver outra coisa senão reminiscências e pastiches. Não é sempre a melancolia de Lamartine, o devaneio de Laparade, a

---

[3] Não falo aqui de correção prosódica, nem mesmo da retidão dos pensamentos, mas de uma espécie de regularidade conforme aos modelos.

misticidade de Sainte-Beuve, a ironia de Musset, a serenidade de Théodore de Banville? Pois bem, eu o declaro, em presença de uma macaqueação tão persistente, o poeta que põe a mão sobre o meu coração, ainda que deva arranhá-lo um pouco, irritar os meus nervos e fazer-me saltar na cadeira, sempre me parecerá preferível a essa poesia, irrepreensível sem dúvida, mas insípida, sem perfume e sem cor, e que escorre entre as mãos como água.

Não vou, pois, condenar Baudelaire por seus *exageros*. Todos os temperamentos excessivos, todos os talentos voluntariosos implicam certos defeitos a que os melhores conselhos não podem remediar. É preciso, em casos assim, suprimir o poeta ou aceitar os defeitos. Os defeitos de Delacroix saltam aos olhos: qualquer adventício pode perceber em sua pintura audácias, negligências, a feiura dos rostos; mas foram necessários vinte anos para fazer entender a sua tonalidade erudita e a intensidade de suas composições. Prefiro, com relação a Charles Baudelaire, ocupar-me com apontar e explicar o que vejo de belo e de raro em seu talento, antes que perder o meu tempo a revelar máculas que serão mesmo vistos sem que eu me imiscua, e que a caridade de alguns de nossos confrades saberá valorizar. Tenho, aliás, para agir assim, uma desculpa excelente, o exemplo da própria coletânea que hoje me toma como membro. Quando a *Revue des deux mondes* publicou, no ano passado, algumas das poesias de Baudelaire, fez-lhes uma nota prévia algo recatada e, em todo caso, muito inoportuna. A *Revue française* comportou-se com mais franqueza; escolheu, era um direito seu; mas, uma vez feita a escolha, publicou sem comentário.[4]

II

O livro das *Flores do Mal*[5] contém exatamente cem poemas, entre os quais um número bastante grande de sonetos, e o texto mais longo não ultrapassa cem versos. Se me detenho de início nesse resultado, é porque, acrescentando-se a outras observações, ele confirma uma opinião que tenho há muito tempo sobre o

---

[4] Este artigo, escrito para a *Revue française* no momento mesmo da publicação das *Flores do Mal*, só foi publicado um pouco mais tarde, depois do julgamento, e com algumas modificações. (N. do E.)

[5] Trata-se da primeira edição. (C. A.)

futuro da poesia. Essa opinião, que não é uma simples conjectura, mas uma indução tirada do desenvolvimento da história, é que à medida em que o número de leitores aumenta, à medida em que o livro impresso, ao divulgar-se, converte os ouvintes impressionáveis, *passionáveis*, em leitores meditativos e refletidos, a poesia deve concentrar a sua essência e restringir o seu desenvolvimento. Não pretendo afirmar – o que não deixariam de me fazer dizer se eu não voltasse atrás em minha asserção – que a poesia deva tornar-se um objeto meramente plástico. Mas pelo menos deve ela estreitar os seus meios plásticos como a sua inspiração. A poesia de grandes proporções, a poesia épica, é a poesia dos povos, não bárbaros, mas pouco dados à leitura, ou que ainda não sabem ler e que são naturalmente mais cativáveis pela paixão do que pela reflexão; é a poesia das épocas heroicas; é também a poesia dos povos oprimidos ou escravizados, e é por isso talvez que a França não tem poema épico. O poema didático é um jogo retórico que não pode ser *poético* senão episodicamente. Quanto ao poema demonstrativo ou persuasivo, à poesia de propaganda, ao poema-sermão, ao poema-panfleto, não se tornaram hoje ridículos, quando um artigo de jornal ou uma simples brochura informa mais depressa e mais claramente? Nem a filosofia nem a ciência têm a ver com a Musa.

> Do sábio, do doutor os mistérios terríveis
> De *ornamentos sutis* nunca são suscetíveis.

Repitamo-lo, pois nunca é demais dizê-lo, a descoberta da imprensa, colocando nas mãos dos homens um meio direto e expeditivo de comunicar seu pensamento, destituiu a arte de toda e qualquer missão de propaganda ou de ensino. O que diria outrora os baixos-relevos de uma catedral, os afrescos de um edifício, o que cantavam os rapsodos e os trovadores, que nem sempre eram poetas, o livro hoje diz mais claramente e mais depressa. Todas as vezes que se tratar de se instruir e de compreender, será sempre mais rápido ler um *tratado* do que extrair a medula instrutiva dos *ornamentos sutis* da Musa. A partir do dia em que o livro foi inventado, as artes emancipadas tiveram cada uma um domínio separado que o vizinho não pode invadir a não ser sob a condição de suicidar-se. A alusão política mata o poema, que ela transforma em panfleto;

a pregação mata o drama fazendo dele um tratado de moral. Que proveito Voltaire, tivesse ele todo o gênio poético que lhe faltava, podia esperar da *Henríada* num tempo em que as memórias sobre a Liga já estavam em todas as mãos? Quem pensa em ler, a não ser por curiosidade literária, os pesados poemas didáticos de Saint-Lambert, de Lemierre e de Delile desde que temos uma *Maison rustique* [Casa rústica], dicionários, uma literatura científica?

Doravante divorciada do ensino histórico, filosófico e científico, a poesia vê-se devolvida à sua função natural e direta, que é realizar para nós a vida complementar do sonho, da recordação, da esperança, do desejo; dar um corpo àquilo que existe de inapreensível em nossos pensamentos e de secreto no movimento de nossas almas; consolar-nos ou castigar-nos pela expressão do ideal ou pelo espetáculo de nossos vícios. Ela se torna, não *individual*, segundo a predição um pouco arriscada do autor de *Jocelyn*, mas pessoal, se subentendemos que a alma do poeta é necessariamente uma alma coletiva, uma corda sensível e sempre tensa que as paixões e as dores de seus semelhantes fazem vibrar.

Esta verdade, que estou tentando provar pelo raciocínio, está demonstrada aliás pelo exemplo e pela transformação da poesia moderna. Que fizeram, de trinta anos para cá, Lamartine, Hugo, Vigny, Sainte-Beuve, Théophile Gautier, senão escrever em obras fragmentárias, limitadas, a história da alma humana, senão exprimir numa forma cada vez mais concisa e cada vez mais *perfeita* impressões, sonhos, aspirações, saudades, desde a paixão mais viva até o devaneio mais vago? Uns e outros tomaram o pulso da humanidade e anotaram-lhe as pulsações num ritmo preciso, sonoro ou colorido. Pois é a consequência forçosa dessa evolução final da poesia, exigir uma execução mais firme e uma plástica mais restrita. O verso descuidado, mole, o *versus pedestris* do século XVIII, que convém tão bem à musa decrépita do Padre Delille e de seus imitadores, não tem mais cabimento em um poema curto destinado a tocar o espírito dos leitores por uma sucessão rápida de imagens intensas.

Felicito a Baudelaire por ter compreendido essas condições novas da poesia, pois é seguramente uma prova de força encontrar-se, logo de início, à altura de seu tempo.

III

A poesia de Baudelaire, profundamente imagética, vivaz e viva, possui em alto grau essas qualidades de intensidade e de espontaneidade que peço ao poeta moderno.

Ele possui os tons raros, e que são graças, da evocação e da penetração. Sua poesia, concisa e brilhante, impõe-se ao espírito como uma imagem forte e lógica. Quer evoque a lembrança, quer enflore o sonho, quer tire das misérias e dos vícios do tempo um ideal terrível, impiedoso, a magia é sempre completa, a imagem abundante e rica prossegue sempre e rigorosamente em seus termos.

Dir-se-á que por vezes o tom puxa para o negro, ou para o vermelho, e que o poema parece comprazer-se em irritar as chagas em que enfiou a sonda. Mas, por nossa vez, tomemos cuidado para não cair no exagero. Bem sei que as sátiras de d'Aubigné, não mais que as de Régnier, não mais que algumas peças de Saint-Amand ou mesmo de Ronsard, não poderiam ser publicadas em nossas revistas atuais. E no entanto cada um a possui em sua biblioteca e faz disso uma honra. Os poetas, naquele tempo, só escreviam para os poetas ou para as almas bastante grandes para compreender a Arte. Inventamos um modo de publicação que se dirige a todos instintivamente, ao homem do mundo como ao artista, às mocinhas como aos eruditos. Será isso uma razão para cortar da poesia moderna toda uma ordem de composições que tem seus precedentes, suas obras-primas, ia dizer seus clássicos, e que aliás responde tão diretamente a uma série de paixões e de fenômenos? Devemos suprimir a sátira e interdizer-nos o estudo de toda uma metade da alma humana? Em literatura, em arte, tudo que existe tem sua lei; sou, a esse respeito, fatalista como um beduíno. Não recrimino os jornais por terem moralizado os seus folhetins no interesse de seus assinantes e das filhas destes. Mas, francamente, de uma necessidade comercial, de uma condição de assinatura, deve-se fazer uma questão literária? Livro é jornal? Não mesmo: o jornal vai buscar os seus leitores, o livro espera os seus. E porque se publicou *Modeste Mignon* no *Journal des débats* e *Le Lys de la vallée* [O lírio do vale] na *Revue de Paris*, não se deve escrever *Splendeurs et misères des courtisanes* [Esplendor e miséria das cortesãs], um dos mais belos livros de análise social que já se tenha escrito em língua francesa?

Vou fazer uma citação terrível, e não me dirão que em matéria de literatura romântica vou buscar minhas autoridades no campo dos interessados. Eis o que escrevia, em 1822, no *Journal des débats*, Hoffmann – não o fantástico, mas o autor dos *Rendez-vous bourgeois* [Encontros burgueses] – a propósito de uma nova edição de Régnier:

> Em vários cantões da Normandia ouvi designar uma moça muito honesta por uma palavra que faria arrepiar os cabelos, se fosse pronunciada diante do público cheio de pudor da capital. Essa palavra, que nem mesmo ousarei designar pela letra inicial, não passa entretanto do feminino de outra palavra que toda gente pronuncia e que indica um homem jovem e casado. Quando essa palavra foi aplicada à devassidão, o mundo elegante rechaçou-a com horror e substituiu-a logo pela palavra de som argentino de que falei acima e que, em sua etimologia italiana, significa apenas uma menina bem pequena. Durante algum tempo foi recebida até na boa sociedade; mas tendo sido proscrita afinal, como sua predecessora, foi substituída pela palavra *fille*[6], que ainda era de bom tom em meados do século passado. Mas estava escrito lá em cima, por certo, que tudo que designa esse sexo se tornaria uma injúria; e foram as próprias mulheres que se caluniaram rejeitando como indecentes todas as palavras que tinham esse caráter. Hoje a palavra *fille* é de tão mau tom que mãe nenhuma, mesmo nas últimas classes do povo, quer ter filhas. Tenho dois meninos e duas *demoiselles*[7], irá dizer-nos a mulher do último artesão. Mas aqui está mais uma coisa: a própria palavra *demoiselle* corre grandes riscos. As ninfas que fazem espaldar em certas ruas, quando Héspero se ergue no horizonte, chamam-se de *demoiselles* da rua Saint-Honoré, *demoiselles* do Panorama ou do Boulevard du Temple. Em breve, pois, não haverá mais *demoiselles*; e é por isso sem dúvida que há algum tempo se emprega o termo *jeune personne*[8], pois prevê-se

---

[6] A palavra francesa *fille* (do latim *filiam*) designa, como a palavra "filha" em português, um "indivíduo do sexo feminino em relação aos pais". Por extensão, *fille* passou a designar também um "indivíduo jovem do sexo feminino (menina, moça)", por oposição a *garçon* (menino, rapaz). Em certos contextos, entretanto, essa palavra pode ter sentido pejorativo, como em muitas regiões do interior do Brasil acontece com a palavra "rapariga" que, na verdade, é apenas o feminino de "rapaz". (N. do T.)

[7] *Demoiselle* é o equivalente etimológico do português "donzela" (do latim *dominicella*, diminutivo de *domina* [dona, senhora]). (N. do T.)

[8] A expressão *jeune personne*, literalmente "jovem pessoa", só é usada para designar "pessoas" do sexo feminino. (N. do T.)

que, dentro de vinte ou trinta anos, a palavra *demoiselle* fará estremecer a nossa pudica posteridade. Infelizmente a expressão *jeune personne* é uma estupidez, pois como a palavra *personne* se aplica aos dois gêneros, um rapaz também é uma *jeune personne*. É pois necessário procurar outra palavra e, seja ela qual for, acabará por ter a sorte de todas as outras.

Eis aí o perigo apontado por um puro clássico, por um escritor que tratava Shakespeare e Schiller de selvagens, e seus tradutores, Guizot e de Barante, de bárbaros e revolucionários. Certamente, com a nossa pretensão de falar sempre para toda gente – jornais para todos, leituras para todos – acabaremos por não fazer mais nem livros nem jornais. À força de ter sempre em vista as jovens donzelas, acaba-se por faltar com o respeito para com os homens e para si mesmo. Trapaceia-se com o pensamento, falsifica-se a língua; faz-se uma linguagem híbrida, arbitrária, toda de alusões e de perífrases; e no entanto, como observa judiciosamente o falecido redator do *Journal de l'Empire*, as palavras, afastando-se da etimologia, perdem a sua significação. Não se poderia dizer hoje quanto prejuízo essa preocupação de agradar a todas as classes e a todas as idades causou à literatura, à língua, quantas inteligências, quantos talentos viciou. Desde que as mamães inventaram que *não se pode levar a filha à Exposição*, o comum dos pintores abandonou o estudo do nu para entregar-se a trapaças de roupas, a hipocrisias de sentimento muito mais corruptores que o aspecto da natureza verdadeira. Houve tempo em que os diretores de jornais proscreviam dos romances até as palavras *amante* e *adultério*; e, no teatro do Gymnase, um *vaudeville* de Scribe, intitulado *Heloïse et Abailard* – e que fazia jus ao título – passou sem dificuldade. Eis a que ponto chegamos. Baudelaire colocou-se sob a proteção de quatro versos de d'Aubigné. Poderia ter acrescentado esta declaração franca do autor de *Albertus*:

> E primeiro, convém às mães que eu as previna,
> O que escrevo não é coisa para menina
> A quem se corta o pão em fatias.

As meninas! As meninas! Meu Deus! Há uma literatura para as meninas? Não há escritores que se dediquem por vocação ou necessidade a compor historietazinhas sem ditos picantes e sem veneno? Não há autores para crianças e mesmo autores para senhoras? A ignorância é uma virtude para as moças; a arte não é feita, portanto, para elas. Fazei-as ler *L'Histoire des voyages* [História das viagens] ou as *Lettres édifiantes* [Cartas edificantes]; colocai-as como assinantes das bibliotecas paroquiais; mas afastai delas todo livro que tem a arte ou a paixão por objetivo; versos, romances, peças de teatro; o melhor não vale nada para elas. Não vimos recentemente um escritor religioso de grande zelo tentar "se não seria possível compor um romance com personagens, sentimentos e linguagem cristãos?[9]" Conseguiu fazer um breviário de sedução, em que as meninas menos sagazes e mais piedosas aprenderão a enganar a vigilância dos pais e a forçar, pelos meios menos católicos, os corações que escolheram.

IV

Deixo-me arrastar, sinto, por essas considerações um pouco alongadas talvez, mas que não acredito serem deslocadas a propósito de um livro de arte, e que em todo caso não julgo inúteis.

É preciso, no entanto, que o público saiba o que é esse poeta terrível com que querem meter-lhe medo. Nossos leitores, felizmente, já travaram conhecimento com ele; não esqueceram o magnífico excerto que a *Revue française* publicou das *Flores do Mal* há três meses[10]. Portanto já me compreenderam quando procurei indicar o caráter dessa poesia abundante em sua sobriedade, dessa forma restrita em que por vezes a imagem explode com o brilho súbito da flor do aloés. Baudelaire excele sobretudo, já o disse, em dar uma realidade viva e brilhante aos pensamentos, em materializar, em dramatizar a abstração. Essa qualidade é notória já desde o segundo texto, intitulado "Bénédiction" [Bendição], em que o autor apresenta a ação fecundante da desgraça sobre a vida do poeta: ele nasce, e sua mãe se desola de ter carregado esse fruto selvagem, essa criança tão pouco semelhante às outras e cujo destino lhe escapa; ele cresce, e sua mulher faz dele objeto de derrisão e de ódio; insulta-o, engana-o e arruína-o; mas o poeta, através de suas misérias, continua a

---

[9] *Corbin et d'Aubecourt*, por Louis Veuillot.
[10] 20 de abril de 1857.

marchar rumo a seu ideal, e a poesia termina com um cântico suave e grave como um final de Haydn:

> Para o céu onde vê um trono de esplendor,
> O Poeta levanta os braços piedosos,
> E da lúcida mente o enorme fulgor
> Esconde-lhe a visão dos povos furiosos:
>
> – Sê bendito, meu Deus, que nos dás a amargura
> Qual remédio divino às impurezas tantas,
> E como a mais perfeita essência e a mais pura
> Que aos fortes predispõe às volúpias mais santas!
>
> Eu sei que estás guardando um lugar ao Poeta
> Nas fileiras de luz das santas legiões,
> E me convidas, sim, para a festa completa
> Dos Tronos, das Virtudes, das Dominações.
>
> Eu sei que a só nobreza está na dor extrema
> Que nunca vão morder a terra e os infernos,
> E que para tecer-me o místico diadema
> Devo os orbes impor e os séculos eternos.
>
> Mas da antiga Palmira as joias tão distantes,
> Os ignotos metais, as pérolas do mar,
> Feitas por tua mão, não seriam bastantes
> A coroa tão bela e de brilho sem par;
>
> Pois ela será feita apenas de luz pura,
> Vinda do santo lar dos primitivos lumes,
> Dos quais o humano olhar, que em lampejos fulgura,
> Não passa de um espelho escuro de queixumes!

Não creio que jamais cântico mais belo tenha sido cantado à glória do poeta, nem que jamais se tenha exprimido em versos mais belos a nobreza da dor e da resignação das almas privilegiadas.

A vigésima primeira poesia, "Parfum exotique" [Perfume exótico], é notável por essa faculdade de reter o incaptável e de dar uma realidade pitoresca às mais sutis e fugazes sensações. O poeta sentado junto da sua amante, numa bela tarde de outono, sente subir-lhe ao cérebro um perfume tépido que o inebria; encontra nesse perfume algo de estranho e de *exótico*, que o faz sonhar com países distantes; e imediatamente, no espelho de seu pensamento, desenrolam-se *praias felizes, ofuscadas pelos fogos do sol,* ilhotas *preguiçosas* plantadas de árvores *singulares,* indígenas de corpo esbelto e vigoroso, mulheres de olhar atrevido:

> Vejo repleto um cais de velas e de mastros
> Que ainda estão a arfar pelas vagas marinhas,
> Enquanto enchem o ar verdes tamarineiros
> De um perfume que vem inflar minhas narinas
> E em minha alma mesclar-se ao canto dos barqueiros.

Se quisesse citar outras provas dessa rara faculdade de magia e de criação pitoresca, os exemplos afluiriam sob minha pena. Constrangido a limitar-me, por ter sido demasiado prolixo, só posso remeter os leitores às peças intituladas "Les Phares" [Os faróis], "La Muse malade" [A musa doente], "Le Guignon" [O azar], "La Vie antérieure" [A vida anterior], *De profundis clamavi*, "Le Balcon" [O balcão], "La Cloche fêlée" [O sino trincado] etc.

Falei do dom de evocação como de um dos mais particulares ao autor das *Flores do Mal*. Foi cometido um crime; a polícia penetra num apartamento fechado e misterioso onde, entre os esplendores do luxo e da mais delicada volúpia, jaz um cadáver de mulher sobre uma cama, com a cabeça separada do tronco. De que crime tenebroso, pergunta-se o poeta, foi vítima essa infeliz? A que paixão monstruosa foi sacrificada? E de imediato aparecem com o poder de uma pintura sinistra e de que a memória guardará o terror, o quarto misterioso, com sua atmosfera malsã, a alcova faceira onde banha em sangue um corpo mutilado no meio de móveis dourados, de divãs sedosos, de ramalhetes que murcham em vasos.

O terror, já o disse, pois é tempo de explicar o enigma desse título e de algumas das inspirações do autor. Estamos de tal maneira acostumados a ser covardemente incensados; tantas vezes nos repetiram a todos, grandes e pequenos, poetas, artistas, burgueses, que somos os mais virtuosos, os mais perfeitos, os mais delicados, que um poeta que vem sacudir-nos em nossa satisfação hipócrita ou indolente mete-nos medo ou irrita-nos. As *Flores do Mal*(!) ei-las: são o *spleen*, a melancolia impotente, são o espírito de revolta, o vício, a sensualidade, a hipocrisia, a covardia. Ora, não é verdade que muitas vezes nossas virtudes mesmas nascem de seus contrários? Que nossa coragem nasce do desânimo, nossa energia da fraqueza, nossa sobriedade da intemperança, nossa fé da incredulidade? Teríamos a pretensão de valer mais do que valeram os nossos pais? A sociedade atual é melhor do que a de Luís XIV ou de Henrique IV? Por que não suportaria esta o que aquelas sempre suportaram de bom grado? E por que esse chicote sangrento, que o autor dos *Iambos*, por último, manejou com tanto vigor e franqueza, não viria nos lembrar que o poeta não é necessariamente um adocicado e um turiferário?

Além do mais, esse chicote, Baudelaire nem sempre o tem na mão, nem sempre é irônico ou satírico; pôde-se vê-lo pelos traços que apresentei acima; pôde-se vê-lo pelas peças inseridas há três meses na *Revue française*.

Como transição a ideias negras e como conclusão, citarei o soneto seguinte que por si só é a chave e a moralidade do livro. Tem como título "L'Ennemi" [O inimigo]:

> Foi minha juventude escura tempestade,
> Cortada aqui e ali de sóis a rebrilhar;
> A chuva e o trovão fizeram tal maldade
> Que raros frutos há rubros em meu pomar.
>
> Das ideias cheguei à estação outonal,
> O rastelo e a pá tenho de usar sem mais
> Para juntar de novo a terra em lamaçal,
> Onde a água escavou gargantas sepulcrais.
>
> De meu sonho, quem sabe, as novas flores,
> Vão achar neste chão, como em praia exaurida,
> O místico alimento a lhes passar vigores?
>
> – Ó dor! Ó dor! O Tempo engole a vida,
> E esse Inimigo obscuro a nos roer o peito
> Do sangue que se vai cresce e tira proveito!

Tenho pouca coisa a dizer da plástica de Charles Baudelaire. Muitas vezes ela é perfeita; por vezes também ele se permite audácias, negligências, violências que a natureza bem espontânea de sua inspiração explica.

Sua frase poética não é, como a de Théodore de Banville, por exemplo, o desenvolvimento amplo e calmo de um pensamento senhor de si mesmo. O que em um decorre de um amor culto e poderoso da forma é produzido pelo outro pela intensidade e pela espontaneidade da paixão. E posto que mencionei Théodore de Banville, lembrarei o que eu dizia há um ano, aqui mesmo, a propósito de suas *Odelettes*: "Dos dois grandes princípios colocados no começo deste século, a busca do sentimento moderno e o rejuvenescimento da língua poética, Banville manteve o segundo..." Na minha ideia, eu reservava o primeiro para Charles Baudelaire.

Um e outro são altos representantes das tendências da poesia contemporânea. Poderão servir de marcos luminosos para uma nova geração de corredores poéticos.

* * *

CARTA DE SAINTE-BEUVE

Dia 20 de ... de 1857.

Meu caro amigo,

Recebi o seu belo volume, e devo agradecer-lhe primeiro as palavras amáveis que o acompanham; há muito que me acostumou aos seus bons e fiéis sentimentos com relação a mim. Conhecia alguns de seus versos por tê-los lido em diversas coletâneas; reunidos, fazem outro efeito. Dizer-lhe que esse efeito geral é triste não deve causar-lhe admiração; é o que o amigo quis. Dizer-lhe que não recuou, ao reunir suas *Flores*, diante de nenhum tipo de imagem e de cor, por mais espantosa e aflitiva que fosse, sabe disso melhor do que eu; foi também isso o que quis. É mesmo um poeta da escola da *arte*, e não haveria, por ocasião desse livro, se falássemos entre nós, muitas observações a fazer. O senhor também é daqueles que buscam a poesia em tudo; e como, antes, outros a tinham buscado em regiões bem abertas e diferentes; como lhe haviam deixado pouco espaço; como os campos celestes e terrestres estavam quase todos já ceifados e, há trinta anos ou mais, os líricos, sob todas as formas, estão no trabalho – chegado tão tarde e o derradeiro, disse para si – imagino –: "Pois bem, encontrarei ainda poesia e hei de encontrá-la onde ninguém ainda tinha pensado em colhê-la e em exprimi-la." E tomou o inferno, fez-se diabo. Quis arrancar-lhes os segredos aos demônios da noite. Ao fazer isso com sutileza, com refinamento, com um talento curioso e um abandono quase *precioso* de expressão, ao *falar* do pormenor, ao *petrarquizar* sobre o horrível, tomou ares de estar brincando; e no entanto sofreu, roeu-se ao passar seus tédios, seus pesadelos, suas torturas morais; deve ter sofrido muito, meu caro filho, e essa tristeza particular que ressalta de suas páginas e onde reconheço o último sintoma de uma geração doente, cujos primogênitos nos são bem conhecidos, é também o que lhe será contado.

Em algum lugar o senhor diz, marcando o despertar espiritual que se dá de manhã após as noites mal passadas, que, quando *a alba branca e vermelha,* mostrando-se de repente, aparece em companhia do *Ideal roedor,* nesse momento, por uma espécie de expiação vingativa,

> No bruto adormecido um anjo se desperta!

É esse anjo que invoco no amigo e que se deve cultivar. Que, se o tivesse feito intervir mais vezes, em dois ou três lugares distintos, isso teria bastado para que seu pensamento se destacasse, para que todos esses sonhos do mal, todas essas formas obscuras e todos esses estranhos entrelaçamentos em que se cansou a sua fantasia, aparecessem em sua verdadeira luz, isto é, meio dispersos já e prontos a fugir diante da luz. Seu livro então teria oferecido como que uma *Tentação de Santo Antão,* no momento em que a alba se aproxima e em que se sente que vai cessar.

É assim que o imagino e que o compreendo. É preciso, o menos possível, citar-se como exemplo. Mas também nós, há trinta anos, buscamos a poesia onde pudemos. Muitos campos também já estavam ceifados, e os mais belos louros estavam cortados. Lembro-me em que situação dolorosa de mente e de alma fiz *Joseph Délorme,* e ainda estou admirado, quando me acontece (o que me acontece raramente) de reabrir esse pequeno volume, daquilo que ousei dizer, exprimir nele. Mas obedecendo ao impulso e ao progresso natural de meus sentimentos, escrevi no ano seguinte uma coletânea, bem imperfeita ainda, mas animada por uma inspiração suave e mais pura, *As consolações,* e graças a esse simples desenvolvimento para melhor, até que me perdoaram. Deixe-me dar-lhe um conselho que surpreenderia aqueles que não o conhecem: o senhor desconfia demais da paixão, isso é uma teoria em sua obra. Concede demais à mente, à combinação. Deixe-se levar, não tema tanto sentir como os outros, nunca tenha medo de ser demasiado comum; terá sempre o bastante, em sua fineza de expressão, com que se distinguir.

Não quero tampouco parecer mais pudico a seus olhos do que de fato sou. Gosto demais de uma peça de seu volume, essas "tristezas da tua", por exemplo, delicioso soneto que parece de algum poeta inglês contemporâneo da juventude de Shakespeare. Há até estas instâncias, "À celle qui est trop gaie" [Àquela que é alegre demais], que me parecem de execução primorosa. Por que a peça não está escrita em latim, ou melhor, em grego, e incluída na seção *Erótica* da *Antologia*? O sábio Brunck tê-la-ia recolhido em sua *Analecta veterum poetarum*; o presidente Boubier e La Monnoye, isto é, os homens de autoridade e de costumes sérios, *castissimae vitae morumque integerrimorum*, a teriam comentado sem pejo, e nela colocaríamos o sinete para os amadores. *Tange Chloen semel arrogantem...*

Mas, ainda uma vez, não se trata disso nem de cumprimentos. Tenho mais vontade é de ralhar, e se estivesse passeando com o senhor à beira-mar, ao longo de uma falésia, sem pretender o papel de mentor, tentaria dar-lhe uma rasteira, meu caro amigo, e jogá-lo bruscamente na água, para que o senhor, que sabe nadar, ficasse doravante sob o sol e em plena corrente.

Cordialmente,

S.-B.

* * *

CARTA DO MARQUÊS DE CUSTINE

Se não lhe agradeci antes, meu senhor, o presente que teve a fineza de me oferecer, foi que eu queria primeiro saber o seu valor. Um poeta não se lê como se escreve prosa ligeira, ao correr da pena, principalmente um poeta que detesta a mentira e corta tudo que é de convenção. O senhor reflete como espelho fiel o espírito de um tempo e de um país doentes; e a força de suas expressões muitas vezes faz-me recuar de pavor diante dos objetos que se compraz em pintar. Dir-me-á que chicaneiá-lo sobre a escolha dos assuntos seria repreender o espelho por refletir o que se apresenta diante dele; mas um poeta é um espelho que escolhe. Lastima-se uma época em que um espírito e um talento de ordem tão elevada ficam reduzidos a comprazer-se na contemplação de coisas que melhor seria esquecer do que imortalizar. Está vendo, meu senhor, que não sou um realista[11], e que não entendo o criador de uma arte senão como um eclético na natureza.

Feitas essas reservas, rendo-lhe sinceramente graças pela honra que me fez de pensar em mim, e pelo prazer que me causou a leitura de sua coletânea cheia de originalidade que nos anuncia um poeta a mais. O senhor é novo numa literatura velha. Terá inimigos em massa; se a admiração de alguns amigos que veem o fundo do homem através de suas pinturas pode compensá-lo da maldade das toupeiras, peço-lhe que pense em mim e que acredite-me sincero como o senhor na expressão dos sentimentos que me inspirou. Nossos amigos dos livros bem que valem os do mundo.

A. de Custine
Paris, 16 de agosto de 1857.

* * *

CARTA DE ÉMILE DESCHAMPS

Meu senhor e eminentíssimo confrade,

Depois de atroz doença de mais de ano, eu encantara a convalescença com sua primorosa tradução dos contos fantásticos do Hoffmann americano, obra de dupla originalidade e de duplo mérito literário, pois que o senhor é o seu revelador em relação à nossa ignorância. E eis que devo à sua simpatia e muito amável lembrança essas *Flores do Mal*, das quais já fazia alta ideia a partir de amostragens.

Acabei de aspirar todos os seus perfumes inebriantes, todos os seus perfumes terríveis. Só o senhor podia fazer essa poesia, cuja explicação está na epígrafe de Agrippa d'Aubigné, quanto ao fundo das coisas[12]; cujo segredo para a forma culta e cinzelada está na dedicatória *ao perfeito mágico em letras francesas*, nosso grande e querido Théophile Gautier.

---

[11] Nem eu tampouco. É presumível que o senhor de Custine, que não me conhecia, mas que ficara tanto mais honrado com minha homenagem quanto se sentia injustamente preterido, se terá informado junto a alguma alma caridosa, a qual terá colado ao meu nome essa grosseira etiqueta. (C. B.)

[12] A primeira edição trazia como epígrafe estes versos de d'Aubigné:

Para ater-me no que concerne à arte – ficando o poeta dono de sua ideia, como magistralmente disse Victor Hugo – não posso calar-me sobre os prodígios de poesia e de versificação que estão manifestados em sua obra.

"Don Juan aux enfers" [Don Juan nos infernos], os "Spleen", "Les Femmes damnées" [As mulheres condenadas], "Les Métamorphoses du vampire" [As metamorfoses do vampiro][13], "Les Litanies de Satan" [As ladainhas de Satã], "Le Vin de l'assassin" [O vinho do assassino], "Confession" [Confissão] etc. são poesias sem modelo e sem imitadores por muito tempo. Só a sua verve, seu colorido, sua harmonia à parte puderam levá-las a cabo; e quantos segredos de forma como de coração delas emanam! Aí está, numa linha, minha crítica e meu elogio sinceros.

Minha gratidão não o é menos, nem menos simpático o meu devotamento.

É. Deschamps
Versailles, 14 de julho de 1857.

* * *

POEMA DE ÉMILE DESCHAMPS

Sobre *As flores do Mal**
a alguns censores

Estes buquês de horror de Charles Baudelaire
Rasgados pela raiva ao vento lá se iriam !...
Não, meus senhores, não! – O tema aqui é o *Real*.

Há que afundar-se, diz-se, as execráveis coisas
Na cisterna do olvido e nas sepulcrais loisas.
E o ressurecto Mal, por maléficos numes,
Vai da posteridade infectar os costumes;
Mas o vício não tem como mãe a Ciência,
E a virtude não é filha da ignorância.
As trágicas, liv. II.
(N. de C. Baudelaire)

[13] Esta peça foi suprimida na segunda edição.

* Estes versos foram dirigidos a Charles Baudelaire oito dias antes do processo das *Flores do Mal*.

Destrói-se o objeto acaso ao se quebrar o espelho?
Sua pintura, afinal, não é a apologia.
Perigo radical, é uma torpe orgia
Fingindo-se de gala; é a cobra ondulante
Que acaricia e baba, levanta-se, rasteja;
Perigo radical, é a página hipócrita,
Pensada com o fel, escrita com o almíscar;
É a unha venenosa a sair de uma luva;
É a úlcera encoberta em cetim elegante;
É, no teatro impuro, uma placa melosa.
Eis com que todo peito em ira se ensanguenta,
Se ainda o está banhando o signo batismal.
Mas o livro, que traz *Flores do Mal* na fronte,
Não diz de chofre já tudo que traz no ventre?
Nos conventos, salões, seu nome barra a entrada
E – sombria exceção – como certo tratado
Dos doutores da Igreja ou da Universidade,
Ele clama bem alto, ao expor sua insígnia,
Que o mundo, a seu respeito há de manter-se atento,
E que, enfim, sua legenda horrenda, ele só diz
Ao filósofo artista, ao pensador mais culto.

Cada livro já tem seu círculo marcado.
O Evangelho é pra todos; Virgílio, para muitos;
Juvenal para alguns; outros, para bem poucos.
Todo remédio nunca é oportuno para todos.
E por isso se vão suprimir os ditames
Que caberiam só a vinte almas ou corpos?
E assim, que mal temer dessas *Flores do Mal?*
Elas falam em verso... o que lhe dá o tom:
É um preservativo... um muro inacessível,
E o contágio se torna impossível em versos.
A menos de os cantar, e não é este o caso,
Ou que gente imprudente ou demais delicada
A coisa denuncie aos tolos que eletriza,
E, querendo puni-la, a torne popular.
A arte, aliás, é um véu; fato sabido
É que toda poesia é casta em sua nudez.

Inda mais, tempos há de arrastar pelo opróbrio,
De que bálsamo algum pode secar a chaga.

THÉOPHILE GAUTIER

É preciso sondá-la em toda profundeza
E o antídoto é só expor-lhe a fealdade.
– Conheceis esse pai, já falto de conselhos
Junto ao filho rapaz, frio e surdo a seus transes,
Que da devassidão chamava o abismo hiante.
Lasso ao ver dar em nada os seus muitos avisos,
O pai, ao hospital das mulheres sem pejo,
Levou, um dia, o filho e nos leitos infames
A tortura mostrou e os horrores da carne:
"Crês que os prazeres delas têm paga bastante?"
E depois, quando viu os homens seus parceiros,
Encheu-se de terror pelos mesmos suplícios,
E – o que não conseguiam preces e sermões –
A visão desse mal, que a tremer nomeamos,
Devolveu para o bem o jovem em delírio.

Essa terrível cura é o direito da lira.
Direito em cada vício... e o poeta também,
Detestado tutor de um tempo empedernido,
Deve plasmar com fé, como um remédio estranho
– Cínico por virtude –, o sangue com a lama,
Certo de horrorizar a quem não mais atinge.
– Assim é o empreendimento em que te comprouveste,
Baudelaire, sistema heroico mas selvagem,
Que anatematizar pode um mundo leviano,
Pois é mister cavá-lo em toda liberdade,
Para lhe conceber a áspera precisão.
Puseste grande engenho em fazer grande obra,
E atravessaste assim a horrível tempestade.
Hão de reconhecê-lo, poeta; não se pode
Condenar o caminho em nome de um tropeço...
A alma é negro mistério, e quem sabe se a tua
Não guarda toda a lei cristã nas suas dobras.
Apenas deves, crê em mim, aliviá-la,
E, no campo do mal rápido passageiro,
Ir longe desse inferno escuro, com tuas asas,
Abrindo regiões de um esplendor eterno,
Para chegar enfim, de coração curado,
Ao fundo Paraíso de Dante Alighieri!

                        Versailles, 12 de agosto de 1857.

***
CARTA DE VICTOR HUGO

O vosso artigo sobre Théophile Gautier, meu senhor, é uma dessas páginas que provocam vigorosamente a reflexão. Mérito raro, fazer pensar; dom unicamente dos eleitos.Não vos enganais ao prever alguma dissidência entre nós. Entendo toda vossa filosofia (pois como todo poeta, tendes uma filosofia); faço mais do que compreendê-la, admito-a; mas conservo a minha. Nunca disse: a Arte pela Arte; disse sempre: a Arte pelo Progresso. No fundo é a mesma coisa e vosso espírito é por demais penetrante para deixar de percebê-lo. Avante! É a frase do Progresso; é também o grito da Arte. Todo o verbo da Poesia aí está. *Ite*.

Que fazeis ao escrever estes versos surpreendentes: "Os sete anciãos" e "As velhinhas" que me dedicais e pelos quais vos agradeço? Que fazeis? Caminhais. Avançais. Dotais o céu da arte de não sei que raio macabro. Criais um arrepio novo.

A Arte não é perfectível, creio ter sido um dos primeiros a dizê-lo, portanto, sei disso; ninguém ultrapassará Ésquilo, ninguém ultrapassará Fídias, mas podemos igualá-los; e, para isso, é preciso deslocar o horizonte da Arte; ir mais alto, ir mais longe, caminhar. O poeta não pode ir sozinho, é preciso que o homem se desloque também. Os passos da Humanidade são, portanto, os próprios passos da Arte. Portanto, glória ao Progresso.

É pelo Progresso que sofro neste momento e que estou pronto para morrer.

Théophile Gautier é um grande poeta, vós o louvais como irmão mais moço, e vós o sois. Sois, senhor, um espírito nobre e um coração generoso. Escreveis coisas profundas e muitas vezes serenas. Amais o Belo. Estendei-me a mão.

V. Hugo

Hauteville House, 6 de outubro de 1859.

P. S.: E quanto às perseguições, são grandezas. Coragem!

Carta escrita por Victor Hugo a Baudelaire em 30 de agosto de 1867. Biblioteca Histórica de Paris.

CRONOLOGIA RESUMIDA DE CHARLES BAUDELAIRE

1821 Charles Baudelaire nasce em Paris no dia 9 de abril, na rua Hautefeuille.

1827 Morte de Joseph-François Baudelaire, pai do poeta.

1828 Caroline Baudelaire, mãe de Charles, casa-se com o futuro general Aupick.

1831 Aupick é nomeado para Lyon e a família se muda para lá.

1836 Como a família voltara para Paris, Charles entra como interno no liceu Louis-le-Grand.

1839 Charles faz seu *bac*.

1840 Passa a frequentar a Pension Bally e inicia suas relações com o mundo literário: Prarond, Levavasseur, Nerval, Balzac e outros. Suas dívidas causam apreensão à família, que resolve mandá-lo numa longa viagem.

1841 Viagem à ilha da Reunião, de junho de 1841 a fevereiro de 1842.

1842 Conhece Jeanne Duval, que trabalhava num teatro de variedades e é sua amante durante anos.

1843 Instala-se no Hôtel Pimodan.

1844 Face aos gastos excessivos e dilapidamento de praticamente metade da herança paterna, a família consegue instituir um conselho judiciário e Baudelaire passa a ter sua fortuna controlada pelo notário M. Ancelle, encarregado de lhe dar uma quantia mensal.

1845 Tentativa de suicídio, inconformado com sua situação financeira. Passa alguns meses na residência materna, o que termina com a ruptura definitiva com o padrasto. Anuncia pela primeira vez a publicação de *Lesbiennes*, primeiro título em que pensou para sua obra poética.

1846 Começa sua carreira de crítico de arte com a publicação do *Salon de 1845*, logo seguido pelo *Salon de 1846*.

1848 Baudelaire participa dos combates de rua. Carta à mãe em que diz não mais amar Jeanne.

1851 O general Aupick é nomeado embaixador em Madrid.

1852 Participa dos combates de rua contra o golpe de 2 de dezembro e afirma que este fato acabou por despolitizá-lo. Primeira carta anônima a Madame Sabatier. Publicação das primeiras traduções de Poe. Muda-se de domicílio seis vezes em um mês. Pela primeira vez o título *Flores do Mal* aparece impresso, com a publicação de dezoito poemas na *Revue de deux mondes*. Publicação da tradução *Histórias extraordinárias*, precedido de *Edgar Poe, sa vie et ses œuvres*.

1857 Publicação das *Flores do Mal* e processo contra a obra. Morte do general Aupick.

1858 A primeira das temporadas em Honfleur, onde vivia sua mãe.

1859 Publicação do texto sobre Théophile Gautier, precedido da carta de Victor Hugo que aparece nesta edição.

1860 Primeira crise de saúde. Instala-se em Neuilly, num apartamento, para receber Jeanne Duval que está doente.

1861 Segunda edição das *Flores do Mal*.

1862 Desiste da candidatura à Academia Francesa. Como seu editor, Poulet-Malassis, falira, Baudelaire cede os direitos autorais para a publicação de suas obras a Michel Lévy. Viaja para Bruxelas, faz conferências e viaja pela Bélgica.

1866 Primeiro ataque na igreja de Saint-Loup de Namur. Consequências: hemiplegia e afasia. Volta a Paris em companhia da mãe, que fora acudi-lo.

1867 Morre, afásico e paralisado, em consequência da sífilis, que o corroía desde 1858, a 31 de agosto.

NOTAS BIOGRÁFICAS

ASSELINEAU, Charles (1820-1874) – Pertence à segunda geração romântica. Bibliófilo, ocupa um cargo na biblioteca Mazarine. Amigo de Baudelaire, é responsável pela sua primeira biografia, *Charles Baudelaire, sa vie et son œuvre* (1869), e organizador, ao lado de Banville, das obras completas do poeta para o editor Michel Lévy.

BARREY D'AUREVILLY, Jules (1808-1889) – Escritor francês. Suas principais obras literárias são *As diabólicas*, *O cavaleiro Des Touches* e *Homens do século XIX*.

BLOCH, Joséphine (1822-1891) – Conhecida como Marix. Consta que era um dos mais belos modelos de Paris. Posa para vários pintores da época, incluindo Boissard, do qual se tornou também amante. Morava num quartinho do Hôtel Pimodan e foi um escândalo quando, em 1845, se instala no apartamento de Boissard. Mais tarde, casa-se com um dinamarquês, secretário da embaixada, com quem teve quatro filhos.

BOISSARD, Fernand (1813-1866) – Pintor, frequentemente de temas religiosos. Vizinho de Baudelaire, morador do 17, quai d'Anjou, ou seja, do Hôtel Pimodan. São famosas as noitadas em sua casa entre artistas e poetas que se iniciam no haxixe.

BRUMMEL, Georges (1778-1840) – Célebre dândi inglês citado por Baudelaire em *Le Peintre de la vie moderne*.

COLLERET, Guillaume – Poeta da Pléiade, que escreveu sobre a origem e a arte do soneto.

CUSTINE, Astolphe de, marquês de (1790-1857) – Sua vida começou de forma trágica com o pai guilhotinado pela revolução. Sua mãe teve uma longa relação com

Chateaubriand. Visto pelos escritores contemporâneos como um dândi escritor, Baudelaire considerava-o "o ideal da negligência". Seu salão na Rua de la Rochefoucauld é muito frequentado, mas as paixões homossexuais colocam-no à margem da boa sociedade. Faz muitas viagens sobre as quais escreve vários livros: *L'Espagne sous Ferdinand VII*, *Lettres de Russie*, *Voyage en Russie*.

DE QUINCEY, Thomas (1785-1859) – Escritor inglês, autor de *Confissões de um comedor de ópium*, que Baudelaire leu e do qual fez uma adaptação livre em seu "Un mangeur d'opium", a segunda parte de *Paraísos artificiais*.

DEROY, Émile (1820-1846) – Pintor e amigo de Baudelaire. O retrato ao qual Gautier se refere e que aparece na capa desta edição foi executado em quatro sessões noturnas no Hôtel Pimodan. Asselineau, em sua biografia, também faz referência a esse retrato, pois é a imagem do jovem Baudelaire que seus contemporâneos guardaram. O original encontra-se no museu do palácio de Versalhes.

DESCHAMPS, Émile (1791-1871) – Poeta e tradutor, figura importante do começo do romantismo. Seu salão era ponto de encontro de poetas de tendência variada, dos parnasianos aos jovens simbolistas. Foi onde Victor Hugo leu o prefácio de *Cromwell*. Colaborou com suas traduções para abrir os horizontes literários de seus contemporâneos, especialmente com traduções de Shakespeare e de Goethe.

DESPORTES, Alexandre (1661-1743) – Pintor de animais e de paisagens, de naturezas mortas e de cenas de caça. Luis XIV e Luis XV o consagram como pintor de seus feitos nas caçadas. Suas paisagens apresentam uma sensibilidade moderna. Pintou grandes telas para o castelo de Compiègnes.

DOW, Gérard (1613-1675) – Pintor holandês que pintou com frequência cenas de vida doméstica.

FEUCHÈRE, Jean (1807-1852) – Pintor que Baudelaire considerava hábil. Participa das reuniões do Hôtel Pimodan e consta que fazia imitações de soldados que divertiam os convivas.

GRAMMONT, Ferdinand de, conde de (1815-1897) – Poeta e escritor.

GUYS, Constantin (1805-1892) – Artista sobre o qual Baudelaire escreveu em *Le Peintre de la vie moderne*.

MARTIN, John (1789-1854) – Grafado aqui Martynn. Pintor inglês que fazia quadros imensos e de assuntos bíblicos.

METSYS, Quentin (1466-1530) – Pintor flamengo, retratista e autor de grandes retábulos. Faz uma síntese entre a arte flamenga do século XV e as influências italianas. Gautier faz aqui referência ao quadro *O banqueiro e sua mulher*, que se encontra no museu do Louvre.

MILLAIS, sir John Everett (1829-1896) – Pintor inglês, de tendência pré-rafaelista, enriquece sua arte com obras de conteúdo emocional. Um dos mais conhecidos da arte vitoriana, especialmente pela sua *Ofélia*, que se encontra na Tate Gallery. Foi presidente da Royal Academy por curto espaço de tempo, antes de sua morte.

OUDRY, Jean-Baptiste (1686-1755) – Pintor e decorador. Tinha preferência por motivos de caça, de animais e sobretudo de cachorros. Diretor artístico da manufatura de Gobelins, teve influência na evolução da arte da tapeçaria.

RÉGNIER, Mathurin (1573-1613) – Poeta satírico francês, que defende a livre inspiração e a fantasia contra o classicismo de Malherbe.

SABATIER, Aglaé-Joséphine Savatier, conhecida como Apollonie (1822-...) – Designada discretamente por Gautier como "esta outra beleza", modelo profissional, Madame Sabatier posou para uma escultura de Clésinger, de quem foi amante, intitulada *Mulher picada por uma serpente*, que ilustra esta edição. Frequentou o ateliê de Boissard entre 1844 e 1849, onde declarou haver passado os "momentos mais proveitosos e alegres da sua vida artística". Baudelaire dedicou-lhe vários poemas das *Flores do Mal*, enviados anonimamente, que compõem o ciclo de Madame Sabatier ou do amor espiritual, delimitado pelo próprio autor.

SAINTE-BEUVE, Charles Augustin (1804-1869) – Escritor francês. Fez parte do período romântico, publicou coletâneas de versos e o romance *Volúpia* (1834), depois consagrou-se inteiramente à crítica e à história literárias.

SWEDENBORG, Emmanuel (1688-1772) – Místico sueco, cujas ideias são muito difundidas no começo do século XIX e inspiraram o soneto "Correspondances" [Correspondências], de Baudelaire, e o romance *Séraphita*, de Balzac.

TEMPO, Antonio – Escritor italiano do século XIV que escreveu tratados sobre poesia.

OUTRAS PUBLICAÇÕES DA BOITEMPO

Uma autobiografia
ANGELA DAVIS
Tradução de Heci Regina Candiani
Orelha de Anielle Franco
Quarta capa de Zezé Motta

Considerações sobre o marxismo ocidental/ Nas trilhas do materialismo histórico
PERRY ANDERSON
Tradução de Fábio Fernandes
Apresentação de Emir Sader
Preâmbulo de Frank Lentricchia

Feminismo para os 99%: um manifesto
CINZIA ARRUZZA, TITHI BHATTACHARYA E NANCY FRASER
Tradução de Heci Regina Candiani
Prefácio de Talíria Petrone
Orelha de Joênia Wapichana

Ideologia e propaganda na educação: a Palestina nos livros didáticos israelenses
NURIT PELED-ELHANAN
Tradução de Artur Renzo
Apresentação de Carlota Boto

Rosa Luxemburgo: pensamento e ação
PAUL FRÖLICH
Tradução de Nélio Schneider e Erica Ziegler
Prólogo de Diana Assunção
Posfácio de Isabel Loureiro
Orelha de Michael Löwy

COLEÇÃO MARX-ENGELS

Escritos ficcionais
KARL MARX
Tradução de Claudio Cardinali, Flávio Aguiar e Tercio Redondo
Orelha de Carlos Eduardo O. Berriel

COLEÇÃO ESTADO DE SÍTIO
Coordenação de Paulo Arantes

Tecnopolíticas da vigilância
FERNANDA BRUNO, BRUNO CARDOSO, MARTA KANASHIRO, LUCIANA GUILHON E LUCAS MELGAÇO (ORGS.)
Orelha de Giselle Beiguelman
Quarta capa de Laymert Garcia dos Santos

COLEÇÃO MARXISMO E LITERATURA
Coordenação de Michael Löwy

A estrela da manhã
MICHAEL LÖWY
Tradução de Eliana Aguiar
Apresentação de Leandro Konder
Orelha de Alex Januário
Apêndice de Sergio Lima

COLEÇÃO MUNDO DO TRABALHO
Coordenação de Ricardo Antunes

O privilégio da servidão
RICARDO ANTUNES
Prefácio de Tatau Godinho
Orelha de Michael Löwy
Quarta capa de Ursula Huws e Pietro Basso

LITERATURA

A transparência do tempo
LEONARDO PADURA
Tradução de Monica Stahel
Orelha de Ricardo Lísias

SELO BOITATÁ

O urso que não era
FRANK TASHLIN
Tradução de Thaisa Burani

Esta obra foi composta em New Baskerville, texto em corpo 10,5/12, e reimpressa em papel Pólen Soft 80 g/m² pela gráfica Meta Brasil, para a Boitempo, em abril de 2019, com tiragem de 300 exemplares.